湛庐CHEERS

与最聪明的人共同进化

HERE COMES EVERYBODY

THE SIMPLE THINGS IN INVESTMENT

投资中最简单的事

|更新版|

邱国鹭◎著

中国经济出版社
CHINA ECONOMIC PUBLISHING HOUSE

图书在版编目（CIP）数据

投资中最简单的事 / 邱国鹭著. —北京：中国经济出版社，2020. 3（2023.8重印）
ISBN 978 - 7 - 5136 - 6038 - 9
Ⅰ. ①投… Ⅱ. ①邱… Ⅲ. ①投资—通俗读物 Ⅳ. ①F830.59 - 49

中国版本图书馆 CIP 数据核字（2020）第 023226 号

上架指导：金融投资/个人理财

责任编辑 高晓晔 李 丰
责任印制 巢新强
封面设计 水玉银文化 shuiyuyin@yahoo.cn

出版发行 中国经济出版社
印 刷 者 泰安易捷数字印刷有限公司
经 销 者 各地新华书店
开 本 710mm×965mm 1/16
印 张 14.25
字 数 182千字
版 次 2020年3月第1版
印 次 2023年8月第6次
定 价 62.90元
广告经营许可证 京西工商广字第8179号

中国经济出版社 网址 www.economyph.com 社址 北京市东城区安定门外大街 58 号 邮编 100011
本版图书如存在印装质量问题，请与本社销售中心联系调换（联系电话：010-57512564）

天下武林，林林总总。名门正宗如少林武当，诚然名扬天下，而武林之大，但凡修得暗镖神剑者，亦可独步江湖。所以门派无尊贵，只有适合不适合。本序开宗明义：即使最成功的投资人，也要心胸坦荡，认识到自我局限，不可以名门正宗自居，须认识到获得真理是一个学无止境、永远追求的过程。

十八般武艺样样精通，仅出现在武侠传说中。对一个普通理性投资者来说，如何走一条心灵宁静（peace of mind）、越走越宽的康庄大道，国鹭这本《投资中最简单的事》呈现了一个最直白、最真实、最给力的阐述。

我对国鹭的景仰，除了他追求真理的真性情以外，便是其极强的自我约束力和发自内心的受托人（fiduciary）责任感。记得看过一个研究报告，发现成功与智商等关系都不大，但与儿时就展现的自我控制力有极大的关系。实验中几个小朋友每人分得一个糖果，并被告知如果现在不吃，等到几个小时后大人回来，可以拿到更多的糖果。结果有的忍不住，就先吃了眼前的一个，后来再也没有糖果吃。而能够忍住眼前诱惑，等到最后的，则得到了几倍的收获。跟踪研究发现，那些

张磊
高瓴资本创始人

儿时就展现出自我约束力的小朋友后期成功的可能性更大。在多数人都醉心于“即时满足”（instant gratification）的世界里，懂得用“延迟满足”（delayed gratification）去做交易的人，已先胜一筹了。

“我宁愿丢掉客户，也不愿丢掉客户的钱。”这种极致的受托人理念不是每个投资人都有勇气践行的。但是路遥知马力，坚持下去，必会得到投资人的长期支持和信赖。正如国鹭所言，“理性只会迟到，但不会缺席。”

高瓴资本的成立初衷就是选择一群有意思的人做一些有意思的事。我们所坚持的“守正用奇”在书中得到了最好的印证：坚持价值投资的理念，但同时对主流观点保持质疑和求证的精神；清醒地认识到能力圈的边界，但同时不断地挑战自我，去开拓新的未知世界。所以我们提出了投资团队的好奇、独立、诚实。在热点纷呈的中国一二级资本市场，如果没有定力，不能保持智力上的独立与诚实，很难不随波逐流。同时，如果不始终保持和发掘好奇心，很难在这么高强度的工作中保持青春与活力。

“The No.1 rule of the game is to stay in the game.”。投资这个游戏的第一条规则就是得能够玩下去。再好的投资理念都要放到实践中去验证。长期投资、逆向投资最大的敌人是价值陷阱。即使再伟大的投资人，犯错误都是必然的。能否把犯错误的代价控制到一定风险范围内，是甄选出一个成熟投资人的关键。“君子不立危墙之下。”虽然各种投资方法都有可能产生好的投资回报，但其中隐含的风险是大不相同的。大多数情况下，国鹭书中所阐述的价值投资和逆向投资理念都是减少风险（derisk）的好方法。

最后，还是要有个好心境、好家庭、好身体。投资到最后，反映的是你个人的真实性情和价值观。健康的环境和心情是长期修行的结果。成功诚然需要运气和际遇的配合，但能否幸福地去做投资则掌握在你自己手里。

如果有机会的话，这本书希望孩子们也来读。

张磊

于加州 Lake Tahoe, 2014 年夏

时光如梭，一转眼本书已经出版5年了。写作这本书的初心是想给众多对投资感兴趣的读者朋友们提供一本入门级的投资读物，书中使用的语言尽量通俗易懂，希望能够用最简单的文字讲述有关投资的一些本质思考。我一直相信，任何表面复杂的事物，只要掌握了内在的规律，其内核和本质应该是清晰易懂的，这本书也是这样的一种尝试。本书出版之后曾有相当长一段时间位列金融投资类畅销书榜首，其受欢迎程度远远超出了当初的预期。

本书名为《投资中最简单的事》，探讨的是一些有关投资本质的最简单的原则和理念。虽然本书收录的部分文章创作于七八年前，但是我们在书中试图触及的是符合投资的内核和本质的、与时俱进的普适性规律。这些规律并不会因为时间的流逝而有所淡化，相反，经过时间的检验，我们更能够分清哪些规律是真实有效的，哪些规律只是一段时间内的巧合。例如，有两条原则在过去几年的市场中就得到了充分的验证：一条是“投资应该数月亮，胜而后求战”，经过充分竞争之后行业集中度开始提升，赢家通吃，龙头企业逐渐成为资本市场认可的“核心资产”；另一条是“便宜是硬道理”，低估值是超额收益的真正来源，好公司如果被合理定价，也不会有超额收益。

中国资本市场只有近30年的发展历史，而西方的资本市场走向成熟经历了数百年，但历史经验表明，无论是一级市场还是二级市场，无论是实物投资还是证券投资，很多投资规律都是相通的。投资的本质是价值发现，长期投资成功的基石是投资标的在其生命周期内自身创造的现金流能够覆盖投资者为之付出的价格。哪怕“新经济”环境日新月异，各种新概念、新技术、新业态、新模式层出不穷，投资的本质和规律都没有改变。纷繁复杂的资本市场里，我们要学会屏蔽各种噪声的干扰，牢牢抓住行业的发展规律，关注公司的核心竞争力，才能够以不变应万变。

过去这5年，高毅资产也从一家初出茅庐的新创私募成长为团队实力较强、管理规模较大、影响力较广的头部私募平台。经常有人问高毅资产快速崛起的“秘诀”，这其中当然有环境和运气的因素，但很重要的原因之一是这个平台聚集了一群热爱投资的人、一群想在资产管理行业创造长期价值的人。高毅投研团队的各个成员都拥有共同的价值观，相信长期价值的创造并且专注于通过研究发掘价值，在日复一日、年复一年的实践中不断磨合、相互促进，不断完善彼此的投资理念和投资方法。高毅资产成立的初衷，就是希望打造一个优秀投资者相互促进、共同成长的俱乐部，形成一种图书馆式的文化，让真正想做投资的基金经理专注于他们热爱并擅长的事情，能够细致地研究、深入地思考，真正弄清行业和公司的本质。我们坚信，做投资如同庖丁解牛，追求以无厚入有间，只有找到行业的内在规律和优质公司的成长路径，顺应事物发展的客观规律，最终才能事半功倍。

随着近几年中国资本市场参与者结构的变化，价值投资越来越受到广泛的认同。2017 年以来，我有幸参与了高礼价值投资研究院的创办。高礼价值投资研究院由高瓴资本发起设立，由耶鲁大学首席投资官大卫·史文森（David Swensen）担任名誉董事长，高瓴资本创始人张磊担任理事长，致力于为中国培养价值投资的中坚力量，推动价值投资在中国资本市场的实践与应用，促进中国资本市场与实体经济的共同繁荣。过去的两三年里，我们很欣喜能够遇到一群热爱价值投资、对新生事物充满好奇的学员，他们都是一二级市场的优秀投资经理或资深研究员，他们既能够与时俱进，又能不迷失于市场对新兴概念的追逐和炒作。大家聚集在一起研究行业和公司，在这个过程中体会研究和投资的乐趣，真正践行“与智者同行，做时间的朋友”。

投资，可以是高深的，也可以是简单的；可以是煎熬的，也可以是快乐的。观察那些成功的投资大师，让人不禁思考投资成功的原因究竟有哪些呢？性格、原则、经验、财务分析能力、行业洞察力……最后发现，投资的成败与事物的复杂程度是没有关系的，所以我们一直努力去把握投资的本质，这也是本书所讨论的“投资中最简单的事”。

谨以此书献给先父，一名平凡而又不平凡的教师。我的父亲出生在东南沿海的一个小渔村，周围的人文化程度都不高，他通过刻苦和勤奋考上大学，成为一名大学教授，著书立说，教书育人。父亲的一生就是“读书改变命运”的写照，他也因此一生都致力于教育事业，帮助更多的人通过读书改变命运。近年来，我和母亲、兄长一起设立了“厦门大学邱华炳教育基金会”，命名了“厦门双十中学邱华炳图书信息中心”，都是为了纪念和传承父亲把毕生奉献给教育事业的精神。如果我的这本小书，能够帮助一部分个人投资者（甚至一部分机构投资者）在初学投资的过程中少走一些弯路，我将深感荣幸。

邱国鹭

2019 年 12 月

我投身股市已经22年，进入基金行业担任职业投资人也已经15年了，见证过1992年排队买认购证时一本万利的疯狂，经历过1999年纳斯达克鸡犬升天的科技股狂潮以及泡沫破裂后狂跌90%的大崩盘，也参与了2008年全球金融危机时对冲基金对华尔街投行的挤兑。在市场的风风雨雨中，我时常会有感而发，产生提笔写些什么的想法，却总是没能实现。

三年前开始写微博时，本来只想为自己散乱的投资思考留下只言片语，却意外地得到了各方朋友的支持和认可。几篇即兴写就的长微博，居然也都有三四千次转发和三四百万次阅读，着实让我惊讶。许多良师益友也一直劝我出本书，把近年写下的文章和随笔汇集成册，便于各方朋友阅读和指正。

这本书起名为《投资中最简单的事》，字面上看是对于霍华德·马克斯的《投资最重要的事》的东施效颦之举，但也有背后的深意。投资本身是一件很复杂的事，宏观上涉及国家的政治、经济、历史、军事，中观上涉及行业格局演变、产业技术进步、上下游产业链变迁，微观上涉及企业的发展战略、公司治理、管理层素质、财务状况、产品创新、营销策略等方方面面。我们固然可以通过金融学、经济学、心理学、会计学、统计学、社会学、企业管理学等跨学科的综合知识体系来应对这个复杂的问题，但是，是否可以化繁为简、直接追问什么才是投资的本质？有没有一些简单可行的法则和工具能够让我们直接触及投资的本质？既然投资有太多复杂的因素难以把握，我们能不能只试着去把握那些能够把握的最简单的事，把那些不能把握的复杂因素留给运气和概率？

在从业余炒股者成长为职业投资人的过程中，我在不同的阶段钻研过各式各样的投资方法：从打探消息、跟庄炒作，到定量投资、程序化交易；从看K线图的技术分析，到看财务报表的基本面分析；从精选个股的集中投资，到行业配置的组合投资；从寻找未来收入爆发的成长投资，到专注于现有资产低估的价值投资。这期间我也认识了投资风格各异的成功人士，意识到每个人的性格、经验、学识和能力决定了最适合他的投资方式，无论哪种投资方法，只要做到精、做到深、做到专，就能立于不败之地。然而，我在实践中也深深地体会到，对于大多数人而言，只有价值投资才是真正可学、可用、可掌握的，因此它成了我职业生涯中一直坚持使用的投资方式。

诚然，对于一个真正的投资者而言，价值和成长是不可割裂的，一个没有成长的公司很难说有很高的价值，一个估值过高的成长公司也很难说是好的投资标的。但是，如果一定要区分狭义的价值投资和成长投资的话，我会把价值投资表述为 $P_0<<V_0<V_n$，把成长投资表述为 $P_0<V_0<<V_n$。其中，P_0 是股票今天的价格，V_0 是公司现在的价值，V_n 是公司未来的价值，“<<”代表“远小于”。价值投资和成长投资殊途同归，

都是希望现在以五毛钱的价格购买未来价值一元钱的企业（$P_0<<V_n$），两者的区别无非是企业的价值支撑的来源不同。成长投资的价值支撑主要来自企业未来收入和利润的高增长，更强调公司未来的价值 V_n 要远大于公司现在的价值 V_0，但这种投资需要预测未来的远见，只有极少数的人能够做到。价值投资的价值支撑主要来自企业现有资产、利润和现金流，更注重公司现在的价格 P_0 是否远小于公司现在的价值 V_0，这种投资需要分析现在，难度相对较小，大多数人通过学习都能够掌握。

不可否认，每个投资人都有自己的能力边界和局限性，但只要认识到了局限性的存在，就可以在一定程度上摆脱它的制约。我对自己的局限性是这样认识的：我更擅长总结过去的规律性的东西，而不擅长预测未来的突破和演变；我更擅长在变化中寻找不变，而不擅长在不变中寻找变化。意识到这种局限性的存在之后，我开始尽力寻找一些历史上被证明行之有效的简单法则、简单工具，然后长期坚持。

比如，我把选股的要素简化为估值、品质和时机，并且淡化了时机的重要性（不是因为不重要，而是因为难把握），于是选股的复杂问题就变成了寻找“便宜的好公司”这个相对简单的问题。然后，针对不同的行业特性，利用波特五力、杜邦分析、估值分析等简单工具，弄清这个行业里决定竞争胜负的关键因素是什么、什么样的公司算“好公司”、什么样的价格是“便宜的”。举例来说，对于餐饮业而言，回头客多、翻台率高、坪效高的就是“好公司”；对于连锁零售业而言，同店增长快、开店速度快、应收账款少的就是“好公司”；对于制造业而言，规模大、成本低、存货少的就是“好公司”。

另外，我还努力奉行一些简单的原则，例如：

第一，便宜是硬道理。即使是普通公司，只要足够便宜，也会有丰厚的回报。A股市场鱼龙混杂，发现“价格合理的伟大公司”的难度远远超过寻找“价格被低估的普通公司”。

第二，定价权是核心竞争力。有核心竞争力的公司有两个标准：一是做的是自己可以不断复制的事情，比如麦当劳和星巴克可以不断地跨区域开新店，在全世界成功复制；二是做的是别人不可能复制的事情，具备独占资源、品牌美誉度、专利、技术、寡头垄断地位、牌照准入限制等特征，最终体现为企业的定价权。

第三，胜而后求战，不要战而后求胜。百舸争流的行业，增长再快也很难找投资标的，不妨等待行业“内战”结束、赢家产生后再做投资。许多人担心在胜负已分的行业中买赢家会太迟，其实腾讯、百度、格力、茅台等企业在10年前就已经是各自行业里的赢家了，但是10年来它们的涨幅依然惊人。

第四，人弃我取，逆向投资。无论是巴菲特、索罗斯，还是邓普顿、卡尔·伊坎，投资领域的集大成者大多数都具有超强的逆向思维能力。A股的情绪波动容易走极端，任何概念和主题，无论真假，只要够新够炫，都能在短期内炒翻天，但是爆炒之后常是暴跌，因此对于如我这般手脚不快的人来说，“人多的地方不去”更是至理名言。

以上这些都是很简单的法则和工具，所以不可能“总是对”，也不一定“马上对”，但是这些法则和工具都是经过许多成功投资人长期验证的、触及投资本质的、规律性的东西。**这些规律性的东西虽然看起来是投资**

中最简单的事，却也是投资中最本质的东西，并不会因为时空的不同而产生大的差异——虽然每隔几年就会有一段时间，市场的狂热让人觉得“这次不同了”。15 年来，我亲身经历过两次市场对价值投资的广泛质疑，一次是 1999 年纳斯达克泡沫的顶峰，另一次是 2013 年 A 股的创业板热潮。虽然两次质疑相隔了 14 年，但是其中的相似之处如此之多，以至于人们不得不感叹人性的亘古不变。虽然科学技术日新月异，但是人性中不变的贪婪和恐惧，总能让那些认为“这次不同了”的观点，随着时间的推移被证明只不过是对历史的健忘。

我想把这本书献给我的父亲邱华炳。父亲是位大学教师，一生潜心学术、著作等身，学生遍布金融、财税、经济的各个领域。因为父亲，我在成长之初就近距离地接触到许多之后的业界精英并向他们学习。无论是在专业还是生活上，父亲都是我不折不扣的启蒙老师，他总是教育我做事先做人，要常怀感恩之心，要多读书，读书的意义不在于积累知识而在于培养能力。父亲去世已经 10 多年了，但是每次遇到他以前的学生，许多人依然清晰地记得父亲说过的话和言谈举止的细节，他们流露出来的真挚情感和深切怀念，总令我感动不已。本书的稿酬将全部捐给父亲生前从事的教育事业和他关心的家乡公益事业。

最后，要特别感谢高瓴资本的张磊先生百忙中为本书作序。张磊先生是我最钦佩的投资人，他对行业规律的深刻理解、对企业品质的深入剖析、对格局变化的前瞻性把握都是非常值得我学习的地方，他的序言无疑为本书增色许多。同时，我也衷心感谢巴曙松、詹余引、陈鸿桥、裘国根和赵丹阳等良师益友们拨冗为本书所写的推荐语。韩海峰做了许多协助文字整理的细致工作，在此一并致谢。另外，要特别感谢湛庐文化的精心编辑，使原本杂乱无章的众多内容升华成一本脉络清晰的书。

谨以此书与所有的投资人共勉。由于本书由不同时间点所写的文章、随笔和演讲实录汇集而成，所作的一些判断和评论都带有鲜明的时间烙印和特定背景，请广大读者在阅读时注意甄别。由于作者水平有限，疏漏在所难免，不足之处，欢迎各方朋友批评指正。

邱国鹭

2014 年 7 月

测一测

你了解投资中最简单有效的原则吗?

扫码鉴别正版图书
获取您的专属福利

扫码获取全部测试题及答案
一起了解那些实用的
投资规律和原则

- 《投资中最简单的事》是邱国鹭从业 22 年来的投资心得汇集的精华吗?

  A. 是

  B. 否

- 投资的本质是价值发现，长期投资成功的基石是，投资标的能够持续、快速地取得超预期的收益，这是对的吗?

  A. 对

  B. 错

- 所谓“好货不便宜，便宜没好货”，便宜又好公司在现实中是可遇而不可求的，这是对的吗?

  A. 对

  B. 错

扫描左侧二维码查看本书更多测试题

目录

THE SIMPLE THINGS IN INVESTMENT

第一部分 投资理念

我的投资哲学就是买别人不买的东西，在没人买的时候买。

卡尔·伊坎

01 以实业的眼光做投资

下跌后，悲痛欲绝；上涨后，欢欣雀跃。两者均无必要。其实，经济还是那个经济，公司还是那个公司，既不会因为急跌而变得更差，也不会因为急涨而变得更好。股价的短期起伏，反映的只是看客们的情绪波动，与企业价值无关。以买企业的心态做投资，不因急跌而失措，也不因急涨而忘形。

听邱国鹭谈行业投资

#护城河#

每三四年就得重挖一次的护城河其实不能算是护城河，而没有护城河就不断会有前浪死在沙滩上。在一个先发优势不断被颠覆、没有永远的赢家的行业里，只有勇于自我否定、因时而变才能生存。

#成长vs门槛#

多数人喜欢成长，但我喜欢门槛。成长是未来的，难预测；门槛是既成的，易把握。高门槛行业，新进入者难存活，因此行业供给受限，竞争有序，有利于企业盈利增长。低门槛行业，行业供给增长快，无序竞争，谁也赚不到钱。（门槛，即行业护城河）

#成长vs门槛：案例#

白色家电行业 2000—2005 年增长迅速，但利润不佳，股价疲软；2006—2010 年行业增速减缓，但利润大增，龙头股价上涨十几倍。拐点是 2005 年行业大洗牌，小厂退出，之后龙头企业在规模、渠道、成本、品牌等方面优势扩大，阻止了新进入者，行业格局从野蛮生长的无序竞争转变为有门槛的有序竞争。

01

以实业的眼光做投资

十几年前我刚进入基金业的时候，曾问过公司的一位资深合伙人，怎样才能成为一名优秀的基金经理。他说，其实很简单，你只要记住两条：**第一，把客户的钱当作自己的钱来珍惜；第二，把二级市场的股票投资当作一级市场的实业投资来分析。**

这是不是一门好生意

如果用自己的钱做实业投资，首先要考虑的问题就是：这是不是一门好生意。不过，二级市场有时就是偏爱“烂生意”。比如2013年市场上非常火爆的手机游戏行业，就是一门烂生意。

根据艾瑞咨询的不完全统计，2012年仅在苹果的IOS平台上，就有3 883家公司推出的10 400款手机游戏，如果再加上安卓平台就更是不计其数了。但在这么多的游戏当中，月流水过千万的却屈指可数。

即使你行大运做出了一款火爆的游戏，产品的生命周期一般也只有3~6个月，之后你就得推出新产品。而事实上，在数千家游戏开发商中，能够连续推出两款火爆游戏的实在是凤毛麟角。目前绝大多数的手机游戏是单机游戏，单机游戏的特点就是产品生命短，这一点和网页游戏很像。事实表明，页游行业的内容开发方很难做大，只是市场选择对此视而不见罢了。

手游不像端游那样有较好的用户黏度，一款重度端游可以火个5年、10年，靠的是在游戏中建立起的一种深度互动的、牢固的社会关系。但是，社交游戏也不能保证自身的持续性，就像Facebook上曾经一统江湖的Zynga，2012—2013年股价暴跌80%。几年前，火得不能再火的偷瓜偷菜游戏也是熟人之间的社交游戏，但是火过一阵子也就销声匿迹了，这样的商业模式你怎么能给出高估值呢？它今年赚的钱再多，你怎么能够知道三五年后这家公司是否还能像现在一样红火呢？而且，手机游戏内容开发商的议价权其实是很有限的，主要的钱都被平台商赚走了。

大家都想成为平台，但是，要成为一个平台又谈何容易？苹果系统只有一个平台，安卓平台最后成功的可能也只有两三个，再加上腾讯的微信平台，铁定又要分流走很多游戏玩家。在这样的形势下，手机游戏开发商其实只能是“人为刀俎，我为鱼肉”，让平台把百分之七八十的收入分走。

人们只看到7亿手机用户这个巨大的市场，却忽视了这其实是个竞争无比激烈、“一将功成万骨枯”的行业。人们只看到成功的“一将”，选择性地忽视了“枯了的万骨”。任何公司只要跟手游沾点边就能够被爆炒，甚至连旅游公司推出个手机自助游软件也能够受到市场的追捧。市场的非理性可见一斑。

投资微论

长期牛股 什么行业易出长期牛股？行业集中度持续提高的行业。因为这样的行业有门槛，有先发优势，后浪没法让前浪死在沙滩上，易出大牛股。相反，如果行业越来越分散，说明行业门槛不高，既有的领先者没有足够深的护城河来阻止追赶者抢夺其市场份额，这种行业一般是城头变幻大王旗，各领风骚两三年。

企业的商业模式和现金流状况

用自己的钱做实业投资要考虑的第二个问题，就是这门生意的现金流状况如何，毕竟做生意的最终目的是赚取现金流。

2013 年受市场热捧的电影行业其实是个现金流状况很差的行业。中国每年会拍 700 多部电影，只有 200 多部能够上映，其中票房能够超过 5 亿的屈指可数。即使赚了 5 亿的票房“大获成功”的电影，扣除分给院线的一半，再扣除发行费宣传费，制片方能够拿到手的大概只有 2 亿多一点。再扣除给编剧、导演、制片和演员的薪酬以及拍摄中的各种成本，最后剩下的净利润可能只有几千万元。

更麻烦的是，从现金流的角度看，拍电影得先写剧本，然后请导演、搭班子、雇演员，支出一大笔费用，一年半载之后影片开始发行、宣传，又是一大笔费用，而且电影公映之后要等好几个月才能从票房中分到钱。

所以很多电影公司不管利润怎样，现金流都是大幅为负，抗风险能力特别弱，一有风吹草动就容易元气大伤。

无论是美国的百年老店米高梅，还是后起之秀梦工厂，只要有一些大制作成了票房毒药，就逃脱不了破产和被收购的命运。美国的电影业发展了上百年，居然没有一家独立的电影公司，全都只是大型的综合传媒集团的一部分，这也体现了电影作为一个独立的商业模式的内在缺陷。

另外，电影的定价权掌握在导演和演员手里，观众买票到电影院是去看吴京、徐峥和冯小刚的，不是去看电影公司的，所以名导演和名演员的薪酬总能涨到让电影制片方不怎么赚钱的水平。就好比欧洲的足坛，虽然球星拥有天价收入，俱乐部却在亏损，原因很简单：定价权在球星手里。迪士尼能够历经百年屹立不倒，很重要的原因是米老鼠和唐老鸭不会要求涨片酬。

用自己的钱做实业投资的人，除了些另有所图的暴发户以外，很少有人会真金白银地砸重金投资电影，因为这是个现金流很差、不确定性很高的行业。A股的电影公司动辄两三百亿市值，但是与它们相同体量的在美股上市的中国电影公司的市值却只有15亿人民币，两者相差十几倍。

我们再来比较一下房地产公司的商业模式，北上广深随便卖栋别墅都是几千万元利润，顶得上一部好电影了。拍电影不一定每部都能火，而别墅几乎每栋都卖得掉。再从现金流的角度看，地产公司只要出钱拍了地，挖个坑、做个沙盘就可以预售了，客户会排着队把钱交上，它用你的钱盖你的房子，公司本身对现金流的要求其实并不高（盲目高价拿地的除外）。

投资微论

好公司的两个标准 一是它做的事情别人做不了；二是它做的事情自己可以重复做。前者是门槛，决定利润率的高低和趋势；后者是成长的可复制性，决定销售增速。如果二者不可兼得，宁要有门槛的低增长（可持续），也不要没门槛的高增长（不可持续）。门槛是现有的，好把握；成长是将来的，难预测。

行业的竞争格局和公司的比较优势

用自己的钱做实业投资要考虑的第三个问题就是行业的竞争格局以及公司是否具有比较优势。简单说来，就是你作为一个后来者，想颠覆既有的龙头老大的地位，就得看自己能够为客户提供哪些不可比拟的价值，以及相对于竞争对手的比较竞争优势在哪里。

互联网金融也是2013年的市场热点。许多人认为，再过5年10年，传统银行作为一个行业即将消失，所有的一切都会被网上银行替代。其实网上银行并不是什么新鲜事物。1999年我研究生毕业后买的第一辆新车，就是用从美国的网上银行中得到的贷款购买的。当时，我只是在网上填了一张表格，第二天早上，快递就把一张支票送到我手里了。然后我把那张支票拿去4S店买下了一辆新车，用户体验可谓极佳。

2003年时人们都认为，10年后所有的传统银行都将被网上银行替代，我对此也深信不疑。然而10年过去了，美国的银行业仍然是富国、JP摩根的天下，而我钟爱的那家网上银行也在2007年破产了——甚至都没熬到金融危机的到来。

2013年时，许多研究员向我推荐互联网金融的股票，都说互联网会取代传统银行，我当时问了他们一个问题：为什么网上银行在美国、韩国、日本、欧洲这些互联网经济比我们更为发达的国家和地区尝试了十几年都没有取得成功？没有人能够回答这个问题。

有人说是因为品牌和信任的欠缺，但我们可以看看美国运通的例子。它是金融业中的老牌企业，巴菲特几十年来的重仓股，品牌号召力不可谓不强，客户的信任度不可谓不高。它也设立过网上银行，我还曾经是它的客户，它的银行卡可以在任何银行的ATM机取款，美国运通会替你出手续费。网上银行付的存款利息也比许多传统银行高，你可以和其他银行一样开支票、在线支付，用户体验非常好，但最后也没有做成功。

互联网的本质是“人生人”，优势在于能以极低成本服务无数客户，规模效应体现在“人多”，“二八”现象不明显，是典型的散户经济，得散户者得天下。银行业的本质是“钱生钱”，规模效应体现在“钱多”，80%的业务来自20%的客户，“二八”现象显著，得大户者得天下，而且那20%的大客户是需要线下的高端服务的，这就是网上银行至今在欧美日韩都没有很成功的案例的重要原因。看一下日本最成功的网上银行乐天银行：成立十几年，拥有420万客户，才600亿元人民币的存款，人均存款1.5万元。再比较一下国内某股份制银行的私人银行部门：拥有2万客户，4 000亿元存款，人均2 000万元存款。两者高下立现。

互联网“人生人”主要靠两条：一是网络效应（例如淘宝，买家多卖家就多，卖家多买家更多；社交网站，美女多帅哥就多，帅哥多美女更多），二靠人多提升用户体验（用户越多搜索结果越精确；用户越多，对餐厅的点评越靠谱）。可惜的是，网络银行并不会因为用户多而形成网络效应或者提升用户体验，因此优势并不明显。

中国电子商务增长速度比美国快得多，于是许多人就认为中国互联网对银行业的颠覆也会比美国快得多。其实，这种观点忽略了中美两国的产业格局的巨大差异。

美国的线下零售业在互联网出现时就已经很强大了，涌现了沃尔玛、家得宝、塔吉特、百思买等一批世界级的零售巨头，因此美国互联网很难彻底颠覆线下零售，目前美国的前 10 大电子商务网站大多是由传统零售企业经营的。中国的线下零售业由于地方保护主义的影响，并未形成沃尔玛、家得宝那样的全国性大企业，而且线下零售的物流成本、租金成本居高不下，从出厂到零售链条过长、运营效率低下、加价倍率过高，所以天猫、京东、唯品会等电商企业才能一路以摧枯拉朽之势攻城略地，可以说，中国线下零售的分散和低效是中国线上电商迅速崛起的重要原因。

相反，中国的线下银行业比美国的线下银行业要集中得多，五大国有银行和上市股份制银行的市场份额、资本实力、品牌认知、网点优势都远胜于美国同行，因此，互联网银行想要颠覆中国银行业，难度远大于颠覆零售行业，原因很简单：线下对手要强大得多。举个简单的例子，银行是有资本充足率要求的，上市股份制银行的净资本动辄两三千亿元，这是过去十几年的行业利润留存和资本市场多次融资后形成的积累，单这一项就不是新设立的互联网银行一朝一夕能够赶上和颠覆的。

相比之下，中国的基金行业比美国的基金行业要弱得多，美国最大的资产管理公司一家就管理了3万多亿美元的资产，而中国的整个基金行业加起来才管理了3万多亿元人民币，差距巨大。同时，基金行业没有像银行业那么高的资本金门槛，国内的大型基金公司管理着价值数千亿元的资产，但是注册资本大多才一两亿元，净资产也才二三十亿元。因此，中国的互联网金融首先从基金业取得突破也就顺理成章了。

在美国的互联网金融发展过程中，真正受冲击的其实是传统的券商经纪业务，迄今为止银行业受的影响并不大。那些认为互联网应该能够轻易地击败传统银行的观点，严重地低估了中国银行业的竞争力。事实上，银行在IT和科技上的投入丝毫不比互联网公司少，互联网金融崛起的结果更可能是科技进步帮助传统银行业更好地服务于既有客户，而不是颠覆性地改变行业现有格局。

投资微论

寡头的力量　回顾过去5年，寡头垄断行业的利润增长往往不断超出预期，而市场集中度低的行业则常常陷于恶性竞争和价格战的泥潭之中。白色家电（空调、冰箱和洗衣机）和黑色家电（电视）两个行业的不同发展历程就是最好的明证。所以，投资制造业时更应关注工程机械、核心汽配、白色家电这样的寡头行业。分析技术变化快的行业时不必看市场占有率，而要看是否适应最新的杀手级应用的潮流。

喜新厌旧和皇帝的新衣

大家都喜欢新东西，但是有没有人想过，为什么几年前声势浩大的风电、光伏、LED、电子书、锂电池等新兴行业千般扶持却总是烂泥扶不上墙？为什么银行地产百般打压却总是赚得盆满钵满？这是由内在的经济规律、行业格局、供需关系和商业模式决定的，不以人的意志为转移。做投资要研究的就是这些不以人的意志为转移的规律，而不是整天去猜测市场的情绪变化。有时猜测别人的情绪变化能给我们带来收益，但那是不能够持久的。而经济规律、行业特质、商业模式是客观存在的，你只要研究透了，它在三五年内是不会有大的变化的，能为理解这些规律的投资人提供持续的竞争优势。

本文写于创业板创出历史新高之日，多少有些不合时宜。但是，皇帝没穿衣服，却必须有人指出，即使是在市场的一片火热和喧嚣中。谁也不知道这样的火热和喧嚣还能持续多久，然而即使在炒作和投机经常盛行的A股市场中，理性也只会迟到，从来不会缺席。

投资微论

泥里的宝石与庙堂的砖头 市场经常对动态的、暂时的信息（政策打压、订单超预期、10送10）过度反应，却对静态的、本质的信息（公司的核心竞争优势、行业竞争格局）反应严重不足。其实，宝石被人扔进泥里再踩上几只脚也仍是宝石，砖头被请进庙堂受人膜拜也仍是砖头。当其他行业的龙头公司想“移民”到某行业时，往往该行业股价已近阶段性顶部。

当下的思考

2013 年前 8 个月创业板大涨近 70%，代表蓝筹股的沪深 300 下跌约 8%。大多数投资者对各种新概念、新技术、新行业充满热情，选择的投资领域主要集中于电影、手机游戏、互联网金融，而银行、地产行业的一些优质公司估值极低却被大多数投资者“抛弃”，很多上市公司也选择并购电影工作室、手机游戏开发商，或者切入互联网金融领域寻求转型的机会。回头看，2013—2019 年，银行业、地产行业的龙头公司股价上涨近 300%，而影视公司、手游开发商股价大多下跌 50% 以上，互联网金融，特别是 P2P 更是一地鸡毛。市场的主题炒作往往是短期的，长期起决定性作用的仍然是行业竞争格局、公司竞争优势和定价权。只有坚持以实业的眼光去评估企业的价值，不受市场的极端情绪波动所影响，时间才会是我们的朋友。

02

人弃我取，逆向投资的关键

众人夺路而逃时，不挡路、不跟随。不挡路是因为不想被踩死，不跟随是因为乌合之众往往跑错方向。不如作壁上观，等众人作鸟兽散后，捡些他们抛弃的粮草辎重和掉落的金银细软。看这慌不择路的样子，这一次不需要等太久的。

听邱国鹭谈行业投资

#新兴行业看需求，传统行业看供给#

新兴行业讲的是需求快速成长的事，不必纠结于供给。而传统行业则只有控制供给，企业利润才能快速增长。长期看表现好的传统行业要么是寡头行业，要么是淘汰落后产能的行业，二者的供给增长相对于需求而言都受到了有效控制。

#行业集中度#

很多人认为小股票的成长性普遍好于大股票。如果这是事实的话，那么大多数行业的集中度就会越来越低。但是只要关注一下工程机械、汽车、家电、啤酒、原料药、互联网等众多行业，你就会发现这些行业的集中度在过去几年都是持续提高的，这说明还是有许多行业里的大企业增长快于小企业。在这些行业里，低估值、高成长的行业龙头的投资价值就远高于行业内的小股票。

#未得到、已失去与正拥有#

以高估值买新兴行业而落入成长陷阱的是沉迷于“未得到”，以低估值买夕阳行业而落入价值陷阱的是沉迷于“已失去”。投资中风险收益比最高的还是那些容易被低估的“正拥有”。

投资做了十几年，我深深体会到人弃我取、逆向投资是超额收益的重要来源。印象特别深刻的一次是2012年7月2日，广州宣布汽车限购的当天汽车股纷纷跳水甚至跌停。现在看来，之后半年的市场是下跌的，而汽车股却平均逆市上涨了30%。再看看2010年的工程机械、2011年的银行、2012年的地产，都印证了“人弃我取、逆向投资”的有效性。

逆向投资的关键

逆向投资是最简单也最不容易学习的投资方式，因为它不是一种技能，而是一种品格——品格是无法学习的，只能通过实践慢慢磨炼出来。投资领域的集大成者大多数都具有超强的逆向思维能力，尽管他们对此的表述各不相同。索罗斯说：“凡事总有盛极而衰的时候，大好之后便是大坏。”邓普顿说：“要做拍卖会上唯一的出价者。”查理·芒格说：“倒过来想，一定要倒过来想。”卡尔·伊坎说：“买别人不买的东西，在没人买的时候买。”巴菲特说：“别人恐惧时我贪婪，别人贪婪时我恐惧。”

然而，不是所有人都适合做逆向投资，也不是所有急跌的股票都值得买入，毕竟，“不接下跌的飞刀”这句话是无数人得到了血的教训之后总结出来的。一只下跌的股票是否值得逆向投资的关键在于以下三点。

首先，看估值是否够低、是否已经过度反映了可能的坏消息。估值高的股票本身估值下调的空间大，加上这类股票的未来增长预期同样存在巨大下调空间，因此这种“戴维斯双杀”导致的下跌一般持续时间长而且幅度大，刚开始暴跌时不宜逆向投资。2011—2012 年，A 股计算机行业的许多“大众情人”在估值和预期利润双双腰斩的背景下持续下跌了 70% 就是例证。2012 年年底，这些股票从成长股跌成了价值股，反而可以开始研究了。

其次，看遭遇的问题是否是短期问题、是否是可解决的问题。例如，零售股面临的网购冲击、新建城市综合体导致旧商圈优势丧失、租金劳动力成本上涨压缩利润空间等问题就不是短期能够解决的，因此其股价持续两年的大幅调整也是顺理成章的。不过，现在大家都把零售当作夕阳行业，反而有阶段性反弹的可能——尽管大的趋势仍然是长期向下的。

最后，看股价暴跌本身是否会导致公司的基本面进一步恶化，即是否有索罗斯所说的反身性。贝尔斯登和雷曼的股价下跌直接引发了债券评级的下降以及交易对手追加保证金的要求，这种负反馈带来的连锁反应就不适合逆向投资。中国的银行业因为有政府的隐性担保（中央经济工作会议指出“坚决守住不发生系统性和区域性金融风险的底线”），不存在这种反身性，因此可以逆向投资。

投资微论

有些股票，你有持仓，但是下跌时你心里一点也不慌，甚至希望它多跌一点好让你加仓，这说明你对该股票已有足够了解，对其内在价值和未来前景有比市场更为精准的把握，因此市场价格的波动已经不会影响到你的情绪了。对这些股票而言，下跌只是提供一个更好的买点罢了——买之后的淡定，源自买之前的分析。还有些股票，涨的时候让你豪情万丈，跌的时候让你肝肠寸断，这样的股票不碰也罢，因为还没研究透。买股票之前问问自己，下跌后敢加仓吗？如果不敢，最好一开始就别买，因为价格的波动是不可避免的。

不是每个行业都适合做逆向投资

不是每个行业都适合做逆向投资：有色煤炭之类的最好是跟着趋势走，钢铁这类夕阳行业有可能是价值陷阱，计算机、通信、电子等技术变化快的行业同样不适合越跌越买。相较而言，食品饮料是个适合逆向投资的领域。作为消费者，我对食品安全事故深恶痛绝，但是作为投资者，我们不应该把个人感情因素带入投资决策。从历史上看，食品安全事故往往是行业投资较好的买入点，特别是那些没有直接卷入安全事故或者牵涉程度较浅的行业龙头企业，更有可能是建仓良机。

还记得十几年前，我刚入行没多久，公司的基金经理们（都是铁杆的价值投资者和逆向投资者）在疯牛病的恐慌中买入了麦当劳的股票，数年后麦当劳的股价上涨了5倍，那是我逆向投资的第一课。再看看这几年发生的瘦肉精事件、三聚氰胺事件和毒胶囊事件，它们对所涉及的行业都没有产生持久或致命的打击，对行业销量的负面影响一般只持续两三个月。与行业状况相反，那些没有直接卷入安全事故或者牵涉程度较浅的行业龙头的市场份额，反而在事故发生后进一步扩大，因为人们购买时更加看重“大牌子”了，毕竟与小厂家相比，龙头企业更有资源和动力维护自己的品牌声誉。

再看看在香港上市的台湾饮料和快消品龙头统一食品，2011年因直接卷入塑化剂事件导致股价从6元跌至3.6元，事件过去后，统一食品2012年股价最高涨到10.4元，翻了3倍。2012年的白酒股因为塑化剂事件大幅跳水。在面对其他类似食品安全事件的逆向投资机会时，投资者可以思考这样几个问题：

- 有无替代品。若有替代品（例如三株口服液之类的营养品就有众多替代品），则谨慎；若无替代品，则积极。
- 是个股问题还是行业问题。如果主要是个股问题，则避开涉事个股，重点研究其竞争对手；即使是行业问题（例如毒奶粉），也可关注受影响相对较小的个股。
- 是主动添加违规成分还是“被动中枪”。前者宜谨慎，后者可积极。
- 该问题是否容易解决。若容易解决，则积极；若难以解决（例如三聚氰胺问题），影响可能持续的时间长且有再次爆发的可能性，则谨慎。
- 涉事企业是否有扎实的根基。悠久的历史传承和广泛的品牌美誉度在危机时刻往往有决定性的作用，秦池、孔府的倒台就是由于根基不稳而盘子却铺得太大。

- 是否有突出的受害者个例。这决定了事件对消费者的影响是否持久。

事后看来，2013 年白酒行业极其低迷，但是主要原因是八项规定等反腐措施，相比之下塑化剂的影响几乎可以忽略不计。

日本发生核泄漏事故后，巴菲特称自己对日本的看法与一周之前没有变化。这种泰山崩于前而色不变的境界自然不是吾等凡夫俗子可以达到的，但我们应该明白，对于灾难的发生，每个人都很难过，但是投资决策不应该加入感情的因素。在许多被媒体炒得沸沸扬扬的突发事件发生后的一两个月，股市往往会有过度反应，此时购买就容易获得超额收益。在“9・11”事件后买入航空股的人最后都获利颇丰，在“7・23”甬温线特别重大铁路交通事故后的一两个月购买铁路建设和铁路设备的股票的投资者，也大幅跑赢市场一年多。

投资微论

2012 年各行各业都在开酒厂，2013 年人人都要做手游。大家都挤在树上摘葡萄时，也许就是该在地上捡苹果的时候了。

最一致的时候就是最危险的时候

逆向投资还要注意冷静面对那些热门板块，就像两三年前被吹得天花乱坠的新兴行业，现在回头一看，风电、光伏、电动车、电子书、LED等几个行业许下的“承诺”一个也没有兑现——至少都不是由当初那些公司实现的。其实，很多高估值板块都是“吹”起来的，未来从来不会有他们吹嘘的那么美好。A股的情绪波动容易走极端，因此“人多的地方不去”是至理名言。

其实，独立思考、逆向而动效果往往更好。基金公司作为一个整体的行业配置，在一般情况下是对的（毕竟专业人士相较于其他市场参与者还是有一定优势的），但是在极端的情况下，基金公司也很可能是错的。2014年年初，在基金公司的行业配置中，对TMT（Technology/科技、Media/媒体，Telecom/通信产业）和医药的超配程度以及对金融地产的低配程度都达到了十年之最。上一次基金整体配置如此失衡是在2010年年底。

2010年11月我接受《中国证券报》采访时，提到的一个论题就是“银行与医药股票哪一个前景更好”，当时我的一个基本结论就是医药比银行贵3倍，但是增长不可能比银行快3倍。在之后的两年中，2011年银行股跌了5%，医药股跌了30%；2012年银行股涨了13%，医药股涨了6%；两年累计下来看，机构一致低配的银行股大幅跑赢了机构一致超配的医药股,再一次验证了“最一致的时候就是最危险的时候”这句老话。2013年各机构再次一致地憧憬着老龄化对医药的无限需求，把医药股的估值推高到30倍市盈率。比起5倍市盈率的银行，当时机构做出的比较和得出的基本结论现在几乎可以原封不动地重复一遍。

几年来各机构对医改的认识似乎没有多少改变，还是只看到了医保覆盖面的扩大，没看到医改对药价的打压。日本过去20年人口老龄化这么严重，医药产业规模的年度增长率还不到1%，就是因为政府对药价的不断打压。

机构对医药股的乐观主要是因为他们太过于依赖医药上市公司对医改的解读。其实只要找个医院院长或者卫生部官员调研一下，就会发现医保覆盖面的增加主要体现在过去3年的一次性提升，未来不会再有进一步的大幅提升。而省级统一招标、药品零加成、总额控费、超支分担、按病种付费等多项措施正处于试点和推广的初期，核心只有一个：进一步限制药价和用量以达到“少花钱、多办事”的目标，直接手段就是将医药从医院的利润中心调整为成本中心，这种转变对医药行业整个利益链的冲击是巨大的。当然，医药作为一个差异化、有门槛的行业，无论板块走势如何，今后几年在目前150只医药股中也会出几只大牛股，但是个股的光明前景并不能掩盖对行业的整体高估。

坦率地说，我也不知道医药股的高估值还能持续多久，也许会从高估变成更高估。无论错误定价的程度有多大，没有人能够事前预知拐点。作为投资者，我们能分辨清楚的就是市场的错误定价在哪个板块以及错误的程度有多大，然后远离被高估的板块，买入被低估的公司。至于市场要等多久才会进行纠错，纠错前会不会把这种错误定价进一步扩大，就不是能够预测的了。

以小股票和大股票的相对表现为例，我在2010年12月13日《上海证券报》的采访中说：“小股票与大股票的相对估值已是10年来的最高点，上一次小股票相对于大股票的估值溢价达到这样的高点是在2001年，之后小股票连续4年跑输大股票。也许这次小股票还能再领涨几个月甚至几个季度，但是其股价在目前的位置已经没有安全边际，这种最后一棒的风险收益比已经不符合投资的要求，转而成为一种击鼓传花式的博傻游戏。”

事实证明，中小版指数在2011年下跌了37%，2012年再跌了4%，大幅跑输代表大盘蓝筹的沪深300指数。但是，即使两年前小股票与大股票的估值相差巨大，又有谁事前知道小盘股相对大盘股的拐点会在哪里呢？又有谁事前敢说小股票不会再“继续领涨几个月甚至几个季度”呢？作为投资者，在当时的那种环境之下，我们只能牢记管子所说的“不处不可久，不行不可复”，不去“击鼓传花”，不接最后一棒，把选股范围基本限制在低估值的大盘蓝筹里，以此躲过中小盘中的许多“地雷”。

投资微论

逆向投资并非一味与市场作对，因为市场在大多数时候是对的。但有的时候市场也可以错得很离谱，此时就不必在意市场的主流观点了。在大多数时候，真理在大多数人手里；在少数时候，真理在少数人手里。如何区别这两种情况呢？一般说来，趋势的初期和末期，就是真理在少数人手里的时候。

逆向投资，未来超额收益的重要源泉

当然，任何投资方法都有缺陷，逆向投资的短板就是经常会买早了或者卖早了。**买早了还得熬得住，这是逆向投资者的必备素质。**投资者必须明白一个道理，市场中没有人能够卖在最高点、买在最低点。在2007年的牛市中，即使指数后来涨到了6 100点，能够在4 000点以上出货也是幸运的；在2008年的熊市中，即使指数后来又跌到了1 664点，能够在2 000点建仓也是幸运的。顶部和底部只是一个区域，该逆向时就不要犹豫，不要在乎短期最后一跌的得失，只要能笑到最后，短期难熬点又何妨？只有熬得住的投资者才适合做逆向投资。在A股这样急功近利的市场中，能熬、愿熬的人少了，因此逆向投资在未来仍将是超额收益的重要来源。

投资微论

我有个习惯：每年年初和年中时汇总所有基金公司的季报行业配置。对大家都追捧的热门行业，我就谨慎一点；对大家都嫌弃的冷门行业，我就试着乐观一点。在没有新增资金入市的过去两三年里，这个办法多数时候还是管用的，因为当只有存量资金在场内不断倒腾来倒腾去的时候，别去人多的地方。当然，有时难免卖早了，错过了热门行业最后的疯狂；有时又买早了，多挨了冷门行业的最后一跌。逆向投资不可能完全避免“领先两步成先烈”的风险，不过只要判断正确，还是能咬牙熬到“领先一步是先锋”的正果的。躲在冷门行业的好处是永远不用担心被“踩踏事件”伤着。

当下的思考

此文的背景是2012年年底的白酒塑化剂事件，当时很多投资者恐慌性地抛售白酒股票，但这并不改变白酒依然是最好的生意模式这一事实。虽然2013年白酒股价大幅调整，但主要影响因素是中央八项规定，而非塑化剂。优质公司碰到短期问题时，往往是较好的投资时点，2013年的白酒公司就是例证。

▶03 便宜是硬道理

贪婪有两种，一种是在6 000点时明知贵了，但还想等多涨一会儿再卖；另一种是在2 000点时觉得便宜了，但还想等多跌一会儿再买。

听邱国鹭谈行业投资

#军阀割据#

有销售半径的行业（如啤酒和水泥），重要的不是全国市场占有率，而是区域市场集中度。在“军阀混战”阶段，企业为抢地盘打价格战，两败俱伤；到了“军阀割据”阶段，彼此势力范围划清，各自在优势地区掌握定价权，共同繁荣。从“军阀混战”的无序竞争过渡到“军阀割据”的有序竞争，是值得关注的行业拐点。

#没有门槛的高增长#

2011 年新兴行业的股票表现乏力，其实也不足为奇——当一大堆钱涌进一个门槛不高、未来发展路径不明的行业时，失望是常有的事。没有门槛的高增长是不可持续的。在美国上市的中国太阳能股票近年来纷纷从高点跌落 90% 的案例值得好好研究。

#政策#

短线资金喜欢炒政策支持的行业，但从长线资本的角度看，国家限制的行业淘汰了落后产能，限制了新进入者。行业集中度提高，剩下的龙头企业的日子反而好过。

价格本质上是一种货币现象

市场有这样一个特点：每次上涨以后，好像乐观的观点和乐观的人就多了一些；每次下跌以后，悲观的观点和悲观的人就多了一些。而且市场上涨以后乐观的观点显得特别有深度，特别有魄力，特别有远见；下跌以后悲观的观点则显得特别睿智，特别深刻，特别有说服力。

但是，让我们仔细想想，做投资最重要的是什么呢？**投资中影响股价涨跌的因素是无穷无尽的，但是最重要的其实只有两点，一个是估值，一个是流动性。**估值就是价格相对于价值是便宜了还是贵了，估值决定了股票能够上涨的空间；流动性则决定了股市涨跌的时间。现在我们对市场做一个基本的判断，应该说估值不高所以是有上涨空间的，但是大家却没有看到流动性的显著改善。虽然央行已经降低了存款准备金，但是经过了一年多的时间，大家仍然感觉资金比较紧张。流动性的改善需要时间，也就是说政策从预调、微调，到最终能够成为市场向上的推力，这个转变也需要时间。

其实，2011年的市场让许多人都比较失望，感觉好像大股票不行小股票也不行。为什么会这样子呢？很简单，我们看一下货币的供应量M2，2011年与2010年相比，增速只有12.7%[①]。我们都知道，M2的合理增速应该大致比名义GDP快2~3个点。相对于我们的经济增长速度，当前的货币供应量只是一个基本的、能够满足现有经济运行需要的水平。因为2011年通胀水平大概为5%，GDP增速为9%，加起来有14%，所以合理的货币供应量M2增长速度应该在16%~17%，但货币增速只有12%，与合理值相差了大约5%。

这5%是什么概念？2011年年初的M2存量是70多万亿元，市场流动性活生生地少了3万亿~4万亿元。在这个背景下我们会看到，好多东西的价格开始缩水。不只是股票，房地产在上海和北京的表现也非常明显，房价开始撑不住了；其他不管是大豆这种非生产性的，还是那些相对稀缺物品的价格都在往下走：红酒中拉菲的价格在2011年有了明显的下跌；2011年4月份的时候，白银曾经一周下跌了30%，创造了30年来最大的周跌幅。

由此可见，流动性一旦收得紧了，很多东西的价格就会撑不住，其中的道理很简单：所有的价格其实本质上都是一种货币现象，就是说你的资金跟你所有东西的价格之和其实是一致的。这就是为什么在纸币发明以前，我们把黄金和白银当作货币的时候，每过一段时间都会出现一次通货紧缩——黄金和白银的数量的增长跟不上经济的发展速度。前17个世纪经济之所以基本上没有什么发展，是因为每发展几年政府就发现钱不够了。所有的价格本质上都是货币现象，比如钱多了，水涨船高，所有东西的价格都往上涨，一旦钱少了，所有东西的价格都会往下跌。

① 2011年11月同比数据，12月的数据当时还未发布。

好消息是什么呢？好消息是现在钱的状况开始出现扭转。很多人都觉得现在只是一个预调、微调的过程，而我的判断是这个“微调”的力度会比大家想得大。因为经济总体上是在走低（也可能在第一季度、或第二季度可以企稳），目前已经过了大家担心经济过热的时候。2011年时通胀走高，我确实有点担心经济过热。2011年的货币供应量会这么紧张，主要是因为政府想要调控通胀、打压房价。

这两个基本的主要目标，现在来看应该说基本都做到了。通胀从2011年7月份的6.5到现在的4.1，一直到2012年8月份都没有什么可担忧的。由于基数原因，2012年年底通胀会有一些反复，但是它会继续下行，这个趋势不会变；2012年房价也不用过于担心。

其实所有在炒作的、不能用于生产的东西，基本上价格趋势都在往下走，甚至包括一些古玩、字画、古董这样的艺术品。这些价格没有明确的指数，大家感觉好像还不错，其实要想了解艺术品的价格，看苏富比的股价就可以。艺术品的价格相对较高，流动性又相对较差，苏富比的股价在过去几个月一直在调整，这些都是有规律可循的。

投资微论

右侧投资 常有人说，在A股做价值投资难，概念股满天飞，好公司没人要，便宜的股票买入后往往变得更便宜。换一个角度看，好公司股价被低估，应该是价值投资者的幸事。A股既不缺价值，也不缺发现价值的眼睛，缺的是坚守价值的心。其实大家都知道哪些股票被低估，但大家就是都不买，都在等着做右侧投资。

买的时候足够便宜，就不用担心做傻瓜

前文体现了一些基本的投资规律。以香港为例，香港的股市一般会领先于香港的房市，2002 年的时候股市先涨，然后房子的价格开始慢慢上涨。**我认为，要分清楚什么东西先动，什么东西后动，什么东西是你更关心的其他东西的领先指标。**

最近上证指数又跌破了 2 200 点，10 年前上证指数是 2 250 点，好像是十年一梦。而市场还在下跌，于是有一些人就得出了结论，认为股票长期来看不具备投资价值，或者说所谓的价值投资在中国行不通。但如果反过来仔细想，在 2001 年的时候，上证指数是 2 200 多点，一般市盈率大概有 50 多倍，就是说一只股票如果股价是 5 元钱，那么利润只有大概 1 毛钱，假如利润不增长，50 年才能够回本。市场一路下跌到今年，蓝筹的市盈率大概是 10 倍，从盈利收益率（E/P）的角度来讲就是 10%，很多银行股、蓝筹股的股息率基本上和银行的利率差不多。

这个时候，投资价值就慢慢地突显出来了，特别是连监管机关都在鼓励公司分红。过去 10 年没有涨，很多人就认为股票不能买，其实你反过来想，这更说明现在的股票价值比 10 年前要高得多。当然，这对于做短线的人来说差别不是很大：高买可以更高卖，低买可能跌得更低。这跟游泳是一样的，你是退潮的时候去游泳还是涨潮的时候去游泳？其实涨潮的时候是比较安全的，因为你可以被冲到岸上，而有时候退潮之后，潮水达到最低点就是最好的买点。过去 10 年也许是一个大的退潮，10 年前估值很高，现在估值很低，当然 10 倍市盈率也可以变成 8 倍，但是相对来讲，它的安全性就比 50 倍的时候高得多，很多人认为过去 10 年股

票不涨说明价值投资没有用，其实这只说明了2001年时用50倍的估值去买股票就不是价值投资。

许多人认为A股就是不一样，50倍买可以60倍卖，其实不管是A股还是别国股票，一样是投资，一样有投资的基本规律。我原来在国外做对冲基金的时候，做过很多国家和地区的股票，加拿大、美国、韩国、中国香港等这些市场我都做过投资，这些市场相似的地方比不同的地方还要多。相似的地方是什么呢？其实基本的还是两条，一是估值，二是流动性的影响。

我一直跟很多人讲长期投资如何如何，但得到的反馈是“长期来说我们都死了”。投资行业中很多人说，A股已经10年不涨，日本更是20年跌了80%，这种长期投资没赚到钱是为什么呢？这是因为在你买的时候股票估值已经很高了，2001年A股的市盈率是50倍，1990年日本的市盈率是70倍，如果你当时以10倍的市盈率购买，也就是以当时日经指数40 000点的1/7买入，那么成本在日经指数6 000点。日本股市经历了垮掉的20年和这么多的负面消息，现在日经指数还有8 000多点，说明只要买的时候足够便宜，就不用担心卖的时候卖不出去。

山姆·沃尔顿（Sam Walton）是沃尔玛的创始人。沃尔玛是现在全世界销售额最大的公司，其销售额相当于世界第六大国的GDP，达到了相当于德国、英国的经济水平。他有一句名言：“你只要买得便宜，就可以卖得便宜。”只要买的时候不是太贵，就不用担心卖不出去。如果你买的时候就特别贵，将来要卖出时就必须要找到一个比你更大的傻瓜，但是这个世界的特点是骗子越来越多，傻瓜不够用，不能老是指望别人当傻瓜。

投资微论

公司有四种：好的、平庸的、烂的、看不懂的；股票也有四种：被低估的、合理的、被高估的、估不准的。人的知识、时间、精力都是有限的，因此看不懂的公司占了一大半。在看得懂的公司中，估不准的又占了一大半。看得懂又估得准的，被高估的占了一大半。看得懂、估得准又没被高估的，烂公司占了一大半。剩下的股票中，合理价位的平庸公司又占了一大半。所以，一般情况下能找到被低估的平庸公司或合理价位的好公司已属不易，能买到被低估的好公司更是难上加难。可惜的是，当市场涌现大批被低估的好公司时，大家一般都在忙着斩仓。

要牢牢抓住定价权

A 股市场曾有很长一段时间在“击鼓传花”，反正只要鼓声没有停，你就只管这个涨停买进来下个抛出去，不用关心这只股票是不是好股票，这个公司是不是好公司，有没有好的产品、有没有好的市场定位、有没有好的品牌、有没有好的渠道、有没有好的管理层、有没有低的生产成本——这些都不重要。确实，在 2003 年以前这些都不重要，仔细看从 2002 年开始涨得好的股票，其实大都是有基本面支持的。过去七八年市盈率估值基本上没怎么动，有的甚至还在往下走，而股价涨了 5 倍、10 倍的股票很多都是利润翻了 10 倍、15 倍。

回想一下，2006年以前中国大多数的行业都是恶性竞争，都在打价格战，那个时候没有什么品牌，就是比看谁便宜，大家都在做低端的出口，基本上赚不到钱。

为什么到了2012年很多做实业的人不做了？因为实业不好做了，行业竞争格局已经过了自由竞争的阶段。以空调行业为例，空调行业2000—2005年的增长速度非常快，当时大家还没有空调，所以销售增速很快；2006—2011年这5年，空调行业的增速出现了下滑。我们观察格力、美的以及海尔这三大空调生产商2000—2005年的股价变化，格力股价基本上没动，美的和海尔跌了1/3，虽然空调行业增速非常快，但那个时候大家都在打价格战，跑马圈地，既没有赚到钱，股市环境也不好。2006—2011年，行业增速虽然下降了，但是这三只股票的股价从2006到2010年年底都涨了至少10倍。

增长速度与股票表现为什么不一样呢？2006年的时候有60%的空调厂商破产，这些破产的都是一些小企业，市场份额可能只有一点点。2006年以前空调行业是一个自由竞争的行业，2006年之后变成了双寡头的局面，老大和老二加起来可能有接近甚至超过50%的市场份额，老三老四基本上只有几个点，这个时候龙头企业就有定价权了。

所谓的投资，就是牢牢抓住这个定价权。就像茅台，整天在涨价，日子太好过了，怎么提价都有人买，为什么呢？就是有这个定价权。而我们会发现另一些企业，比如钢铁和化工，总是没有定价权，稍微涨一点钢价得到的利润就被铁矿石涨价给赚走了。行业太分散，而且产品没有差异化，没有差异化就没有定价权，除非你是垄断企业。

我之所以对中国 A 股未来的基本面比较乐观，关键在于我们现在行业的竞争格局跟以前不一样了，现在的上市公司特别是蓝筹股，虽然有一些是不值得买的管理很差的国有企业，但的确有一些盘子不大，管理层又比较有执行力、领导力和有战略眼光的行业龙头公司在中国经济中占据不可动摇的地位。

选股票，一定是先选行业。就像买房子，一定是先看社区，社区不行，房子再漂亮也不行。买股票也是，股票本身再好，只要这个行业不好，一样很难涨起来。买房子先选社区，买股票先选行业，那么什么样的行业是好行业呢？很简单，有门槛、有积累、有定价权的那种行业。

所谓门槛就是不是谁想进来就可以进来的。我们都知道中国有 14 亿多人口，如果某一个行业短期增长很快，利润率很高，就会有 1000 个人来山寨你的产品，另外 1000 个人想比你做得规模更大，然后把成本做得比你低。所以你必须处于一个有门槛的行业：需要执照；或者有一定的品牌优势，别人也可以做，但你的品牌比别人好；或者你的技术有某种专利；或者你掌握某种矿产或资源，别人没办法无中生有。

定价权的来源，基本上要么是垄断，要么是品牌，要么是技术专利，要么是资源矿产，或者相对稀缺的某种特定的资产。这样的行业就会有一定的定价权、一定的门槛，这样才能把竞争堵在门口，才会有积累。

有的行业短期的增长好像很快，但是这种短期增长不是靠自己的本事，有的是靠“傍大款”，比如给 iPhone、iPad 做一点小小的零部件。就像 2012 年有一些电子股，因为给 iPhone 和 iPad 做零部件涨了好几倍，然后又暴跌。这种“傍大款”是一种寄生式的增长，不是靠自己的核心竞争力。人家买的是 iPhone，不是你做的这个小零部件，就像人家买的是 LV 的包包，而你做的是 LV 的拉链一样，这两者的用户忠诚度、可替代性和核心竞争力都是不可同日而语的。

这和一个年轻人在选择行业的时候，一定是找那种有积累的行业一个道理。比如投资就是有积累的行业，一个做过 10 年的投资人和只做过一年的就是不一样，因为他见过大风大浪。刚从学校出来的小伙子不管多聪明就是没有经验，所以说一定要在有积累的行业。

但是有的行业因为技术变化太快而很难有积累，你也许积累了很久，拼命挖了很深的护城河，人家可能不进攻这个城，绕了过去又建了新城。最明显的就是高科技行业，电子、科技、媒体和通信技术更新换代太快了。再看空调跟电视，空调比较持续，电视就不持续，因为电视技术老是变，以前我们看的是 CRT 的，后来变成 DLP 的，后来又变成 LCD，接着是等离子，然后又变成 LED，现在又变成 3D。每两三年就更新换代一次，这样的企业很辛苦，要不要投资更新换代？如果不投，别人超过你，你的品牌就会受损，消费者也不买你的产品；如果投，投 20 亿元、30 亿元甚至 100 亿元只能做个两年。技术变化快的行业就是这样辛苦，而像可口可乐，一个配方可以一两百年不变。中国也有很多传统的东西可以几百年不变，这种不变的东西，反而能够有积累，长期回报更值得期待。

投资还要想好你要做什么样的投资者。你可以快进快出，因为 A 股的特点就是波动大，波动大的好处在于一部分眼明手快的人确实能够赚取超额收益，但前提是你一定得找到比你更大的傻瓜。就像做交易，你赚一块钱要有人亏一块钱，是个零和博弈。另一种投资方式是个正和博弈，咱们一起找一个企业，只要这个企业每年增长30%，买进去估值已经在底部了，那么企业利润这个蛋糕每年都会增加。这两种方式都可以，一定要找到适合你个性的。投资的方法千奇百怪，不存在对和错，适合你自己的才是最好的。

投资微论

通胀环境下买什么股票好？常见的答案是资产资源类股票，因为投资者可以直接受益于价格上涨。更好的答案也许是那些有定价权的公司：通胀时它们可以提价，把成本压力转嫁给下游；通胀回落时，它们不必降价就享受更高的利润率。这些公司包括食品饮料等品牌消费品和工程机械、核心汽配、白色家电等寡头垄断的高端制造业。

三个层次的悲观

现在悲观的人挺多的，其实悲观有三个层次。**第一个层次的悲观是基于流动性和供求关系的悲观。**认为不管是证券公司还是基金公司，都看不到新的资金入市，都是存量的资金在倒腾。新股发行又很快，投资者感觉供应不断在增长，但是新的需求没有看到增长。这是一种短期的悲观，这种悲观是可以被逐步改善的。政策的微调是一个缓慢的过程，我们可以密切关注相关指标，如银行贷款的增速、央票是正投放还是正回购、外汇占款的变化、存款准备金率是不是下调、M1的指数等等。这些指标出现改善，有了新的流动性，市场就会有反弹。

第二个层次的悲观是对基本面的悲观。现在看起来市盈率是 10 倍，但是利润却可能是顶峰利润。这些悲观的投资者认为现在经济正在往下走，可能会下一个大的台阶，而中国企业的净资产收益率和净利润目前处在一个高点。这件事情需要一分为二地看，现在的经济结构跟 10 年前的经济结构是完全不一样的，10 年前大家都在打价格战，没有企业有定价权，而现在至少在我看来，很多行业那种群雄混战的时代已经一去不复返了。现在连很多服装企业都做出了品牌，要想做一个新的企业超越它们还是挺难的。那些拥有渠道的企业，在中国已经有 3 000 或者 5 000 家店，而以前可能大家都只有几十家店，这些企业拥有了规模优势，比如去央视做一个广告，那些小企业就会感觉不划算。

时代不同了，净利润率提高是有原因的。以美国为例，将 2000 年的情况与过去 50 年相比后会发现，当时的净利润率位于 50 年里的最高点，又有安然、世通等一批公司在做假账，因此当时有很多人认为，1999 年美国标普 500 指数的利润属于高点，未来一段时期内很难被超越。当时利润率位于历史最高点，还出现了会计赤裸裸地造假的情况。实际上呢？几年后标普 500 指数的利润就超过了 1999 年的水平；2011 年金融危机刚过，净利润率又创了新高。随着世界慢慢进入一种胜者为王，赢家通吃的年代，我们确实会发现一部分公司具有强大的定价权：能够卖多少钱就卖多少钱，想收什么费就收什么费。

从投资者的角度来看，有霸王条款的公司就是好公司，因为这说明他有定价权。有的公司服务姿态很低，很辛苦却赚不到钱，原因是竞争太激烈了。我们要找行业竞争不激烈、赚钱很容易的公司。这种行业和公司确实存在，但是不多，大概有 5~10 个行业有这样的公司。长期来看，这样的公司赚钱的概率大得多。

和巴菲特所说的找那种“傻子都能管”的公司类似，我一般都是看这个公司如果我去当CEO是不是可以管好，如果我也能管好，那就是“傻子都能管”的公司，如果傻子能管好我就买，这些因素决定了谁管都可以。许多大公司每年利润几百亿元、几千亿元，但不见得是靠管理层的本事，谁都能做管理层的公司就是好公司。

很多人担心顶峰利润，我认为现在不一定是顶峰利润。2011 年，特别是在下半年，已经有很多行业销售出现了负增长。2011 年主要是银行、“两桶油”和央企做得比较好，很多民营企业已经创造不了顶峰利润了。但是不用特别担心顶峰利润的原因就在于，有的行业的公司现在就有 5 倍、7 倍、8 倍的市盈率，即使现在是顶峰利润，到谷底时利润下跌一半，7 倍顶峰利润买入，到谷底利润时估值也只有 14 倍，这有什么好害怕的呢？利润跌一半的时候再买肯定比现在好，但是如果利润没有出现下跌怎么办呢？

这个世界是在不断变化的，你要是静止不动，就会被人家落在后面。有一定资产的人，必须不断思考一个问题：我的财富以什么样的形式存在才最容易保值增值。过去 10 年，最好的形式无疑就是房地产，但是今后 10 年会是这样子吗？我看不一定。过去是一面后视镜，没有那种只涨不跌的资产，特别是大类的资产类别，周期经常是 10 年、20 年。如果一样东西 10 年内涨得好，今后 10 年也可能不涨了。**过去 10 年是涨还是跌跟今后会涨还是会跌，其实并不一定相关，关键是这个东西是不是物有所值。**比如说你作为一个企业主，想收购一家企业，如果一年能够赚一千万元，这个企业几千万元卖给你，你会愿意吗？如果是上市公司，一年100亿元的利润，700亿元市值卖给你，这个公司占行业50%市场份额，基本上没有人能够与其竞争，为什么不买呢？

中国只有一两个行业可以算是夕阳行业，其他大多数都是有增长的。在这样的情况下，7倍、8倍、10倍市盈率有什么好怕的？实际上，市场在5 000点、6 000点的时候大家都不害怕，现在2 000点怕的人反而很多。其实，当大家都意识到这只股票有风险的时候，这个风险就不大了。就像欧债危机，欧洲人都不急，我们急什么呢？很多危机都是在来不及提防的情况下突然爆发的，而大家担忧了很久的风险，反而不一定爆发。

很多风险爆发之后我们会觉得威胁很大，但那其实已经不是风险了，就像"9 · 11"之后没有人敢坐飞机，我们公司还专门出了一个内部风控条款，要求同一架飞机上不允许同时坐两个合伙人。我们公司一共有10个合伙人，如果一下死掉两个我们怕公司顶不住。结果呢？2001—2011年是美国的航空历史上最安全的10年，基本上没有飞机掉下来。对于同样的事物，风险一旦爆发，之后的风险反而就会小很多了。

很多人做股票先满仓，跌了、痛了的时候就清仓。其实，投资跟痛不痛没关系，关键是看是否有投资价值，比如说从6 000点买入，跌到4 000点、4 500点时你可能就已经痛了，那时你放下还可以躲避一点风险。但是，如果你在跌到2 100点的时候作出清仓决定，可能就晚了。痛不痛跟你决定多少仓位不应该有关系，但是很多人就是亡羊补牢，羊跑了再把门关起来，跌了就砍仓，股市这只"羊"跟传统的羊是不一样的，股市的"羊"进进出出，亡羊补牢有的时候不一定是好事情。我不太建议投资者总是高歌猛进，也不要总是追涨杀跌，因为股市的“羊”是进进出出的。

我一直觉得一定要一分为二地看待投资的风险：一种风险是本金永久性丧失的风险，100 万元投进去，之后损失了 10 万元、20 万元，再也不回来；还有一种是价格波动的风险，可能短期会跌但也会涨回来，波动的风险是投资者必须承担的。本金丧失的风险属于高风险低回报，因为本金丧失的风险越大，最后亏钱的概率就越大；而波动的风险属于高风险高回报。整个 2007 年，除了年中的调整外一路在涨，五六千点的时候，股市价格波动风险不大，但是本金丧失的风险很大，那个时候是 60 倍的市盈率，从 60 倍跌到 30 倍可能就永远不会回去了。

我们知道价格等于市盈率乘以利润，价格变化无非是两种，一种是市盈率的变化，一种是利润的变化。**所以永久性亏钱只有两个原因，一个是市盈率的压缩。**就像日本从原来 70 倍市盈率跌到 15 倍的市盈率，这是永久性的压缩，美国、欧洲、中国香港的市盈率整体值都在 8~22 倍，中位数是 15 倍，你如果在市盈率高的时候买，这钱有可能亏掉，回不来的。**另一个是利润在历史高点的时候，夕阳行业就有本金永久性丧失的风险。**大多数公司的盈利是波动向上的，也就是我们所说的企业大多数是长远看越来越赚钱的。

我认为现在市场价格波动的风险比较大，但是本金永久性丧失的风险不大。因为市盈率在 10 倍，我觉得是中国的低点。中国香港和美国的市场是在 8~22 倍波动，我觉得 A 股市场应该是在 10~25 倍波动，中位数是 17 倍，我们的中位数应该能够比其他国家市场的中位数稍微高一点，因为我们的增长确实比其他国家快了好几倍，我认为我们在 17 倍以下问题不大。在 10 倍买是不是最低点呢，不一定，也可能跌到 8 倍。如果不能承担风险的话，1 000 点时你也不能买，就这么简单。

第三个层次的悲观是一种长期悲观，是对中国经济增长模式的悲观。这种悲观已经上升到了哲学层面，认为中国以投资和出口拉动经济增长是不可持续的，在这个刘易斯拐点出现以后，我们的竞争优势就丢失了，现在人工在涨，土地价格在涨，环保成本在涨，人民币汇率也在涨，中国经济从此就下一个大台阶。

这个担心有一定道理，但现在不是担心的时候，一方面是因为现在股价已经把这些担心体现得比较充分了；另一方面，与日本相比，日本的刘易斯拐点是 1960 年出现的，韩国是 20 世纪 70 年代出现的，它们在拐点出现以后都还增长了 30 年，我们碰到的问题日本、韩国在发展的过程当中都或多或少地碰到过。当时日本人均 GDP 达到四五万美元，韩国达到 3 万美元，我觉得中国的人均 GDP 增长到 8000、1 万美元问题不大。因为城镇化、中西部大开发，包括制造业的产业升级，一部分的消费升级体现出内需增长空间还是非常大的。

这种长期的担心每次到周期底部都会出现，就像香港长期以来估值在 8~22 倍波动。有人说香港人为什么这么傻，为什么不在 8 倍的时候买进来，22 倍时候抛出去？其实香港有很多优秀的专业投资人，只是因为每次跌到 8 倍、9 倍的时候就会有长期悲观观点出来，说金融海啸，说“这次不同了”；到 22 倍的时候，又有长期乐观观点出来，说这个是“黄金十年”，是“港股直通车”，内地所有有钱人都来买港股啊。

做投资真正想赚到比别人更多的收益，就要保持一个判断的独立性。别人悲观的时候也不一定就乐观，但是要想想别人的悲观有没有理由，别人的悲观是不是已经反映在股价中，现在的悲观情绪大部分已经反映在股价中了。短期看，价格波动的风险永远也没有办法避免，我们也不能够肯定说10倍的市盈率不会跌到8倍。对于个人的资金，我认为现在买房子不是什么好时机，买艺术品或者是其他的东西不如买股票。但是也不要把全部资金都放在股票上，有一定比例就可以了。投资期限越长，能够承担风险能够放的比例就越大。

其实股市在大家越没有信心、越悲观的时候，越有可能是柳暗花明，峰回路转的时候。

投资微论

市场情绪周期　恐惧是怎样炼成的：1. 担忧；2. 抵赖；3. 害怕；4. 绝望；5. 恐慌；6. 放弃；7. 麻木；8. 沮丧。

击鼓传花　为什么人们愿买长期收益并不高的垃圾股？这是几种人性的弱点交叉作用的结果。过度自信：自信能在风向改变、垃圾落地之前挣到快钱，自信不会是最后一棒；标题效应：榜样的力量是无穷的，曾听说过某垃圾股如何在短时间内翻几番；过度外推：已经三个涨停了，再来一个板好像也顺理成章。

硬币的两面

基金难卖时，乐观者说这是市场见底的信号，因为基金发行常是反向指标，6 000 点时一天发数百亿元，1 600 点时无人问津。悲观者说这是市场疲弱的信号，因为市场缺乏新增资金入市，而股票供给不断增加，明显供大于求。**同一件事，看多者和看空者往往作截然不同的解释——你看到的是你想看到的。**

看空地产股的人有两种，一种认为房价会上涨，因此政策不会放松，所以地产股不能买。另一种认为房价会下跌，房地产股的资产净值和盈利会下降，所以地产股不能买。**持同一种观点的人，其依据和逻辑往往是截然不同的——你证明的是你想证明的。**

牛市里，上市公司再融资是利好，因为许多人认为企业会有释放业绩的动力。熊市里，再融资是利空，因为大家都担心股票供给的增加和增发对利润的摊薄。牛市里所有消息都是好消息；熊市里所有消息都是坏消息。**同一消息，在不同的市场环境下常有不同的解读——你听到的是你想听到的。**

两个卖鞋的人到了光脚岛。悲观者说，这里人不穿鞋，卖鞋根本没市场。乐观者说，这里人没鞋穿，卖鞋市场巨大。短期看来，悲观者是对的，因为短期内要改变岛民的穿鞋习惯是很难的。长期看来，乐观者是对的，因为岛民迟早会认识到穿鞋比光脚舒服。**同一事情两种解读，往往是考虑的时间跨度不同。**

遛狗理论

有人说过，股市中价值和价格的关系就像遛狗时人和狗的关系。价格有时高于价值，有时低于价值，但迟早会回归价值；就像遛狗时狗有时跑在人前，有时跑在人后，但一般不会离人太远。遛狗时人通常缓步向前，而狗忽左忽右、东走西蹿，正如股价的波动常常远大于基本面的波动。

趋势投资者喜欢追着狗（价格）跑；价值投资者喜欢跟着人（价值）走，耐心等狗跑累了回到主人身边。有时候，狗跑离主人的距离之远、时间之长会超出你能忍受的范围，让你怀疑绳索是否断了。其实，绳索只是有时比你想象的长，但从来不会断。

上证指数又回到了10年前的水平，引发众多感慨。其实，虽然狗又跑回了原位，但是人在这10年里却在不断前进。10年前，狗远远地跑在了人的前面（50倍市盈率），如今，狗远远地落在了人的后面（11倍市盈率）——这条狗有个很洋气的名字，叫Mr. Market（市场先生）。

个例与规律

所有的社会学规律都有反例，股市中更是如此。股市中的任何规律、方法只能提高你的成功率，没有百战百胜的灵丹妙药。我说吸烟有害身体健康，你说你三舅爷是个大烟枪但活了 99 岁。我说低估值价值股平均跑赢高估值成长股，你说你买的那个 100 倍市盈率的成长股已经涨了 5 倍了。我说的是规律，你说的是个例。咱俩都对，只是我对得更有代表性一些。

老虎基金（Tiger Fund）的朱利安·罗伯逊（Julian Robertson）说过，他曾经只喜欢买低估值的价值股，直到招了几个天才研究员之后才开始喜欢成长股，因为这些天才研究员能够有预见性地把成长行业里的最终赢家在萌芽期发掘出来。的确，最大的牛股有不少是成长股，但个例不代表规律。能消化高估值的高成长其实并不多见，有眼光事前预知高成长的天才研究员更是凤毛麟角。

百事可乐在困境时曾想低价卖给可口可乐遭到了拒绝，腾讯曾想开价 100 万元把 QQ 卖给新浪也遭到了拒绝，微软和戴尔在 10 年前都曾高调宣布苹果是个垂死的企业。连业内巨头都不能预知与其休戚相关的竞争对手的未来高成长，我等凡夫俗子又如何能够预测那些只调研过几次的所谓成长企业的未来？这里所举的百事可乐、腾讯、苹果的确是个例，但是这些个例是有代表性的，因为这些个例说明的“没有人能够预知未来”是个不争的规律。

我们称颂华佗、扁鹊无人能学的医术（个例），西医强调的是双盲法的临床实验（规律）。我们期盼断案如神的包青天（个例），西方依靠的是强调证据和程序的法制（规律）。我们喜欢把人拔高为神（个例），希腊的神却像人一样也会嫉妒、偷情和吵架（规律）。西方文化重规律，中国文化重个例。中国的股市之所以赌性特强，原因之一就是尽管投机炒作平均而言是个多数人亏钱的游戏（规律），但是少数一夜暴富的故事（个例）还是吸引着许多心存侥幸的投机客前赴后继地屡败屡战。

榜样的力量是无穷的，但模仿他们的行为不保证有他们的结果，就像你穿和乔丹一样大的鞋子并不能提高你的篮球水平。规律是可重复的，而个例是难以复制的，这就是二者的最大区别。比尔·盖茨、乔布斯、扎克伯格等许多富豪是中途辍学者，但中途辍学者的平均收入远不及大学毕业生。同理，有些超级大牛股是高估值股票，但高估值股票的平均回报率在世界各国都远不如低估值股票。前者是个例，后者是规律。个例令人景仰，但往往难以复制，顺着规律选股才能提高成功率。

伯乐在教人相马时，对他喜欢的人他就教如何相普通的好马，对他厌恶的人他就教如何相千里马。为什么呢？普通马常有，如何相马有规律，容易学。千里马不常有，是不拘一格的个例，难学，且常常无用武之地。传说中的“十倍股”成长股就像千里马一样可遇而不可求，还是脚踏实地找些价值股，也就是“普通好马”靠谱些。

成长股中有大牛股是个例，价值股平均跑赢成长股是规律。**不为精彩绝伦的牛股倾倒，不被纷繁复杂的个例迷惑，不抱侥幸心理，不赌小概率事件，坚持按规律投资，这是投资纪律的一种体现，也是投资成功的必要条件。**

THE SIMPLE THINGS IN INVESTMENT

第二部分 投资方法

简洁不是把杂乱无章的东西变少或拿掉，而是要挖掘复杂性的深度。你必须深刻地把握精髓，从而判断出哪些不重要的是可以拿掉的。

乔纳森·伊夫

04

投资的三个基本问题

股票有两种，一种是冰棒，又小又甜，常出现在游客最多的地方，招人喜欢，受人追捧，但是自身价值却总在不断地溶化消亡；另一种是古董，表面上又旧又老，深埋土中，少人关注，要耗费功夫挖掘，但自身价值总在不断地增值。投资古董股要当心别买得太早，投机冰棒股要当心别卖得太迟。

听邱国鹭谈行业投资

#医改#

医药行业的特点是消费者（患者）、消费决定者（医院 / 医生）和消费支付者（政府 / 医保）三者的分离。以药养医模式促成了药价虚高和“大处方”，医改推进统一招标和按病种支付就是把部分决定权从消费决定者手中转移到消费支付者手中，从而实现对药价和药量的控制。医改是由消费支付者推行的，在投入有限的条件下，扩大覆盖面的前提是降价和控量，因此各国的医改对普药都是利空。

#医药股#

医药是个能出长期大牛股的行业，但是切忌以板块配置的思路去投资，因为医药股之间的差异性实在太大，有时有些个股洪水滔天，而其他个股依旧歌舞升平，是个自下而上精选个股的行业。A 股市场中，医药股中鱼龙混杂，机会和陷阱并存，但是在 2014 年年初的估值条件下，陷阱多过机会。

如果把我过去十几年的投资分析方法做一个简单的概括，最根本的就是要回答三个问题：**为什么认为一家公司便宜，为什么认为一家公司好，以及为什么要现在买。**这三个问题中，第一个是估值的问题，第二个是公司品质的问题，第三个是买卖时机的问题。

问题 1：估值

估值可以说是最容易把握的。一个股票便宜不便宜一目了然，看看市盈率、市净率、市销率、企业估值倍数等一系列的指标，这一部分是最接近科学的，而且是最容易学的。

一个东西只要足够便宜，赚钱的概率就会高得多。我一直喜欢引用沃尔玛的山姆·沃尔顿说的一句话："只有买得便宜才能卖得便宜。"他用这个理念来经营零售业，获得了巨大的成功。我认为买得便宜在投资领域要比零售领域更重要。

现在很多人会说估值不重要，因为根据 2013 年的行情，5 倍市盈率的涨不过50倍市盈率的，谈估值就输在起跑线上了。这种情况很正常，每几年就会发生一次。但即使是最正确的投资方法，也不可能每年都有效。所谓正确的方法，是在10年中可以有6~7年帮助你跑赢市场；而错误的方法就是在10年中只能有3~4年能跑赢市场。如果你想每年都跑赢市场，就必须不停地在不同的方法之间切换，但是，要事前知道什么时候适用哪一种方法其实是非常难的，还不如找到一种正确的方法，长期地坚持下来，这样一来，即使短期会有业绩落后的阶段，但是长期成功的概率较大。世界上每个成功的投资家都是长期坚持一种方法的，那些不断变换投资方法的人最终大多一事无成。

世界上不存在每年都有效的投资方法。一个投资方法能长期有效，正是因为它不是每一年都有效。如果一种投资方法每年都有效，这个投资方法早就被别人套利套光了。

正如乔尔·格林布拉特（Joel Greenblatt）所说，第一，价值投资是有效的；第二，价值投资不是每年都有效；第二点是第一点的保证。正因为价值投资不是每年都有效，所以它是长期有效的。如果它每年都有效，未来就不可能继续有效。听起来像是个悖论，但事实就是这么简单。在资本市场，如果有一种稳赚的方法，就一定会被套利掉的。正因为有波动性，才保证不会被套利。

在建立研究方法之前，必须区分清楚“赌赢了”和“赌对了”是两回事。很多人以短期结果来倒推过程的正确性。在股市中，短期来说，正确的过程可能给你带来糟糕的结果，错误的过程可能给你带来不错的结果。如果要让过程正确和结果正确达成一致，就必须经历很长的时间。一种正确的过程和方法，能够以较大概率保证你在5~10年中取得一个不错的结果，但在6个月甚至一两年的时间范围内，有时候你用一种正确的方法做，可能不一定有好的结果。

◎ 投资分析的基本工具

在投资分析中，简单的往往是实用的。我的投资理念很简单：在好行业中挑选好公司，然后等待好价格出现时买入。与之相对应的投资分析工具也同样简单。

1. **波特五力分析**。不要孤立地看待一只股票，而要把一个公司放到行业的上下游产业链和行业竞争格局的大背景中分析，重点搞清三个问题：公司对上下游的议价权、与竞争对手的比较优势、行业对潜在进入者的门槛。

2. **杜邦分析**。弄清公司过去5年究竟是靠什么模式赚钱的（高利润、高周转还是高杠杆），然后看公司战略规划、团队背景和管理执行力等是否与其商业模式一致。例如，高利润模式的看其广告投入、研发投入、产品定位、差异化营销是否合理有效，高周转模式的看其运营管理能力、渠道管控能力、成本控制能力等是否具备，高杠杆模式的看其风险控制能力、融资成本高低等。

3. **估值分析**。通过同业横比和历史纵比，加上市值与未来成长空间比，在显著低估时买入。

这“三板斧”分别解决的是好行业、好公司和好价格的问题，挑出来的“三好学生”就是值得长期持有的好股票了。

◎“下一个伟大公司”不是想找就能找到的

很多人会讲，买便宜货这种方法是捡烟屁股，是“烟蒂投资”。巴菲特也说过，宁可用合理的价格买一个伟大的公司，也不要以很低的价格买一个一般的公司。这句话我是完全认同的，但是在实践中我做不来。为什么呢？你认为中国有多少家公司可以被称为“伟大的公司”？市场整天在炒的这些50倍市盈率的公司，都说会是“下一个伟大公司”，又有几个真的能兑现的？我认为彼得·林奇说得对，他说当有人告诉你“A公司是下一个B公司”的时候，第一要把A卖掉，第二要把B也卖掉。因为第一，A永远不会成为B；第二，B已经被当作成功的代名词，说明它的优点可能已经体现在现在的股价中了。

如果你确实拥有巴菲特的眼光，在某家公司被人们广泛认为伟大之前发现它的伟大，那么你的超额收益肯定是很明显的。但是伟大的公司不是这么容易被发现的，很多大家曾经认为伟大的公司，后来发现并不伟大，或者已经“伟大”过了。

2000年纳斯达克泡沫达到高峰之后，很多被认为是“划时代的”“颠覆性的”“最伟大的”公司都破产或者衰败了。那几百个后来破产的互联网企业就更不必提了，即使如微软和英特尔那样当时确实是伟大的公司，占有70%~80%的市场份额，有10多年利润稳定地增长，但是在2000年之后，这两个公司的股价表现就长期不尽如人意了。2000年大家都知道微软和英特尔是伟大的公司，但那之后它们已经没有超额收益了。

近年来，我问过许多基金经理一个问题：你认为哪个公司是最伟大的公司？大家公认伟大的那个公司，其实很可能已经不那么伟大了，你一定要在大家之前认识到这家公司的伟大，这其实是很难的。便宜不便宜我可以判断得出来，但对于伟大不伟大，我觉得真正能够判断的人不多。因为中国大多数公司的商业模式都挺一般的，我们在国际分工中分到了一个相对吃力不讨好的环节，那些创新的、有定价权的、有品牌的公司，在A股中相对较少。

有的东西是需要时间积累的，不是你想转型就能转型的。像美国在100多年以前就已经是世界经济第一大强国了，但在品牌，特别是奢侈品品牌上，美国也就只有蒂芙尼、凯迪拉克等有限几个。超高端品牌有很多是欧洲人创建的，因为很多东西都讲传承、讲路径依赖，不是你想做就能做得到的。

我认为中国2 500家上市公司中，伟大的公司肯定只占了个位数。A股2 500家公司中有2 000家是垃圾公司，剩下的500家中可能有400家是普通公司，100家可以算是优秀公司，而在这100家中大概有10家是伟大公司。在这种情况下，你觉得自己有能力把这10个左右的伟大公司找出来么？如果可以找出来，你就可以不重视估值。在绝大多数公司只是普通公司的前提下，你必须强调估值。

投资微论

一将vs万骨 很多人不惜以高市盈率买“高小新”（高成长、小市值、新兴行业），梦想押中下一个腾讯、百度。这其实是过度自信的一种表现，低估了预测未来的难度。在新兴行业里，百舸争流，大浪淘沙，最后鹿死谁手，事前是很难预料的。一将功成万骨枯，多数人只看到功成的一将，却忽视枯了的万骨。

◎ 1999 年美国股市泡沫破裂的经历

我于 1999 年加入美国一家很铁杆的价值投资公司，当时公司业绩很差，并且已经持续差了好几年（当时科技股的泡沫已经持续了好几年了），我们工作起来非常难受：客户跑了 1/3，合伙人们甚至有把公司卖给别人的想法。尽管如此我们还是坚持下来了，没有改变自己价值投资的风格。泡沫破灭之后的 5 年，我们公司的业绩极其优异，除了把之前落后的部分全部追了回来之外，还创造了很好的超额收益。公司成立近 30 年来的累计业绩在同业中处于上游，依靠的就是坚定地寻找“便宜货”的方法。那 6 年的经历对于正在形成投资理念的我触动很深。

当时，我们有很多竞争对手在 1999 年的时候没有扛住，放弃了价值投资，开始去追高科技股成长股。2000 年泡沫破灭的时候两边挨了巴掌，客户彻底放弃了他们，因为机构客户最不能忍受的就是基金经理的风格飘移。相比之下，我们当时承受了较大的客户赎回额，资产从 30 亿美元跌到 20 亿美元，但是当 5 年之后我成为合伙人时，资产已经回到了 60 亿美元，而那些没能坚持住的竞争对手们都还在苦苦挣扎。

有时候你需要的就是最后一口气，2013 年做价值投资有很多人感到很难受，这很正常。我认为 A 股 2013 年的行情和 2010 年有些像，但是风格差异的幅度要比 2010 年大。2010 年，我们还可以在低估值的、竞争格局好的传统行业中找到一些有核心竞争力的牛股，但 2013 年的行情就很集中，就是 TMT、医药、环保、军工，这几个板块内要是没有，其他板块也很难赚到钱。

但是，2013 年的分化程度还是不如 1999 年纳斯达克泡沫时的状况。

巴菲特当时就做得很差，不过他用的是自己保险公司的钱，所以熬过来一点问题都没有。

最难受的是老虎基金，罗伯逊清盘的时间是2000年2月，纳斯达克于2000年3月10日见顶——他在最痛苦的时候清盘了。在当时给投资者的那封信中，他认为市场无比疯狂，相信自己最后一定是对的，但是他感觉短期内根本不会有纠偏的可能。

索罗斯的处境位于两人之间。索罗斯自己很坚定地没有去做这些事，但他的首席投资官斯坦利·德拉肯米勒（Stanley Druckenmiller）买了一堆网络股。很多时候索罗斯能够在拐点处做逆向交易，2000年4月份纳斯达克泡沫一破灭，他就马上把网络股全部砍出去，然后炒掉了德拉肯米勒——索罗斯的纠错功能是无比强大的。

索罗斯不是个简单的趋势投资者，他最厉害的是拐点投资，他可以在事前把拐点看得非常清晰。2009年年底我曾去他们公司访问，给我留下深刻印象的是他们的交易员当时很强调的一个概念：最拥挤的交易。

2009年年底，美国经济已经开始复苏，当时市场的共识是，量化宽松违反了所有的经济学常识。因为美国现在之所以陷入这种困境，是因为之前印了太多的钱，货币太宽松。但美国的解决办法居然是印更多的货币，然后把利率降到更低，这不是火上浇油么？所以当时大家对美元非常看空。但量子基金当时观察的结果是，三大最拥挤的交易一是看空美元看多人民币，二是看空美元看多台币，三是看空美元看多韩币。当时是2009年的第四季度，美元指数大概71，索罗斯于是做了反向交易，之后半年赚了一大笔钱。

每个人都有自己的投资风格。在1999年市场严重分化的时候，三位投资大师，老虎基金的罗伯逊、量子基金的索罗斯和巴菲特（应该说是当时看来之前30年美国做得最好的三个基金经理），都有不同的困境和应对方式。

讲这些案例是为了说明，2013年时很多人又有了几年前的想法，认为价值投资在A股是没有用的。但我想讲一句，便宜是硬道理。对大多数像我这样的凡夫俗子，投资还是要考虑估值。如果你认为有像巴菲特、索罗斯这种能力和水平，就可以不用考虑估值。索罗斯从来不考虑估值，巴菲特对估值考虑得不算太多。巴菲特在1970年以前自己做对冲基金的时候，基本上采用的是格雷厄姆的办法，对估值考虑得多。但之后受了菲利普斯和芒格的影响，越来越重视公司的品质。

◎ 不要为普通公司付太贵的价钱

投资肯定是讲性价比，但我认为A股很难找到高品质的伟大公司，所以一定不要为普通公司付太贵的价钱。随着时间的推移，A股所谓的成长股10个有9个会被证明是伪成长。上市公司主动来和你沟通时，都是有目的的，有些甚至是没安好心的，所以不要被上市公司讲的“美好未来”忽悠了，一定要看现在看得见摸得着的利润、现金流和资产。

在估值、品质、时机这三点中，其实我对时机把握得很差，我选时经常不对，但是我能够坚持不付过高的估值，不买过贵的股票。哪怕是一个普通的公司，只要足够便宜，长远看问题都是不大的。

我的第一份工作就是给公司的创始人兼首席投资官做助手，他是一个很铁杆的价值投资者，对投资分析得很细。现在很多人讲中国的很多传统行业不能买。但是只要你仔细分析，哪怕是垃圾也是有价值的，你只要以 1/2 的价格买，也可以翻一倍。

举一个最典型的例子，美国钢铁（US Steel，股票代码是 X）是美国最老的钢铁公司，最夕阳的行业。美国的钢铁产量在 1973 年就见顶了，已经夕阳了几十年。2002 年它的 2 倍市盈率在许多人看来已是坐着等死了。但是从 2003 年到 2008 年中期，这只股票翻了 20 倍，而且上涨期持续了 6 年之久。当然，2008 年下半年它又被打回了原形。

股票的回报并不取决于它未来增长是快还是慢，而是取决于未来增长比当前股价反映的增长预期更快还是更慢。这里有股价是否已经反映了所有的好消息或者坏消息的问题。

条条大路通罗马，不存在谁好谁坏，我只是更重视统计数据。你可以看看全世界的统计数据，10 个国家中有 9 个国家是价值股跑赢成长股的，而且跑赢是在什么时候呢？就是在季报公布后的那两三天。比如价值股一年能够跑赢成长股 7 个百分点，在美国这 7 个百分点基本就在 8 个交易日内实现 70%——就在每次季报公布之后的两天。这说明在季报公布出来的业绩中，成长股很容易低于预期，而价值股很容易超出预期，因为未来不会有乐观者想象的那么好，也不会有悲观者想象的那么差。成长股的成长比价值股快，但没有大家预期的那么快。

但是，2013 年的 A 股好像不存在股价是否反映了所有消息的问题。你会发现只要概念好，再贵也有人买，概念不好的时候，再便宜都没有人买。银行股 6 倍市盈率的时候大家觉得很便宜，但估值可以下降到 4

倍市盈率。当然这期间价格没有跌这么多，很多是利润增长带来的估值不断下降。A 股这一点反而给了价值投资人一个非常好的机会。

在美国做价值投资，有时不得不买一些品质一般的公司，因为价值投资总是要买低估值的东西，而美国是一个定价相对合理的国家，所以你买的那些低估值的东西，在某些人看来真的就是一堆垃圾，例如钢铁、制造业。美国的制造业是很夕阳的，因为它已经被整个掏空，搬到中国来了。但是事实证明，在美国，低估值的“垃圾”公司的长期回报率显著地高于那些外表光鲜亮丽的高估值的“成长股”。这个现象在韩国也是一样的。

2003—2013 年这 10 年应该算是中国成长最快的 10 年，之后 10 年的成长肯定没有过去 10 年快。但看看 2003—2013 年，有多少股票可以实现每年 30% 的复合利润增长？你可以自己算一下，真的不多。根据美国的统计，真正可以算作成长股的，大概 20 只中有 1 只。很多人说美国小股票也跑赢大股票，但其实是低估值的小股票跑赢了大股票，高估值的小股票是最差的资产类别，因为它们的业绩总是不断地低于预期，10 家小股票中可能只有 1 家能够成功。在世界各国，小股票的估值一般低于或接近大股票的估值，只有在 A 股中，小股票的估值是大股票的好几倍。2013 年创业板的估值是主板的 6 倍，这不是一个正常现象，时间会证明这是不可持续的。

我很喜欢读成功投资人的传记，也很喜欢和中国杰出的投资者交流学习，思考这些人为什么成功。巴菲特来中国做投资大获成功：中石油赚了 8 倍，比亚迪现在的价格比当初的成本高出好几倍。安东尼·波顿（Anthony Bolton）在欧洲做了 30 年，平均年度回报率是 20.3%，这个长期业绩和巴菲特差不多。

安东尼·波顿是我最尊敬的投资人之一，但为什么他到中国来投资的业绩不理想？关键在于安东尼·波顿喜欢做小股票，巴菲特喜欢做行业龙头，而中国小股票骗子的比例远高于欧洲，波顿最后才发现管理层和他的沟通不诚信。因为安东尼·波顿采用和彼得·林奇一样的“翻石头”的方法——不断地调研。安东尼·波顿一年大约调研700家公司，写下了几十大本的调研笔记。在这种“翻石头”的方法中，你翻100块石头，可能就会有1块底下有宝贝。安东尼·波顿到了中国就拼命地翻石头，但他翻的是小石头，而中国的小石头后面很多都是骗子，于是业绩就不理想了。

投资微论

关于估值的几句话 便宜是硬道理。买便宜货不一定赚钱，但赚钱的概率较大。买便宜货往往先被套，最终赚钱。即使如医药、科技、媒体、通信之类的成长行业，估值也是重要考量因素。有些行业，如何界定“便宜”并非易事，低市盈率、低市净率不一定是便宜。

问题2：品质

品质肯定是更重要的，那我为什么反复强调“便宜是硬道理”？这是因为估值方法容易，每个人都可以学。便宜不便宜大多数人都能够判断，因此关键的区别在于搞清楚公司的品质。关于时机，我不能够判断，但是绝大多数人也不能够判断。**所以说，三个要素中，投资者真正需要下大力气搞清楚的就是品质。**

我们很多的卖方报告过多地关注动态的信息，而对公司静态的信息分析得不够。静态的信息是什么呢？最简单的就是先回答一个问题：这个公司做的是不是一门好生意？好生意就是容易赚钱的生意。比如茅台，这个公司的商业模式很简单，哪怕被政府打压一样能赚钱，只是增速下来了。你说茅台的管理层一定比钢铁公司的管理层高明很多吗？那也很难说。

所以说，马和骑师，选马比选骑师重要。特别是对大公司而言，这是一匹怎样的马比这是一个怎样的骑师更重要。特别是在中国这种环境中，你很难判断骑师的好坏。可能资深的研究员、基金经理能够和高管沟通得多一些，但大多数人可能和高管都见不了几次面。而且就算见到了高管，你有精力了解他们的中层管理人员吗？

当然，对中小型企业来说，管理层的重要性不容忽视。中国有很多小企业，看起来像是伟大的企业，但是发展到一定程度就发展不下去了，因为它受限于董事长、大股东个人的素质和境界。很多中国的上市企业在成长到100亿元、150亿元以后上不去，是因为管理层没有足够的眼光和胸襟。公司在不同的阶段，它的品质的看点是不一样的。小公司当然是骑师更重要，大公司就是机制和文化更重要。所以，是选骑师、选马还是选赛道，要看公司处于哪个发展阶段。

◎ 品质的判断1：是不是一个好行业

对于品质的判断，我的办法比较简单。我更重视行业分析，而不是个股分析。**我认为选一个好行业是成功投资的基本条件**。你会发现有一些很好的管理层、很好的公司存在于烂行业中，最终也没戏。我几年前调研过几个钢铁公司，里面有的管理层很好、产品线很好、技术也很先进，但可惜在中国钢铁这么一个烂行业里，再好的管理层也无用武之地，这是行业格局使然，所谓格局决定结局。中国的钢铁行业要比美国分散得多，美国钢铁行业最后只剩下三四家在玩了，中国钢铁行业还有几十家，竞争过于激烈。我很重视行业的竞争格局，行业里一旦玩的人多了，日子就难过。玩的人不多，日子就不会差到哪里去。

当然这个不包括一些“中字头”的央企，它们的垄断是国家给的。国家授予的垄断意味着它的定价权受到政策限制。我们并不喜欢垄断本身，我们喜欢的是垄断带来的定价权，所以定价权受限制的垄断没有意义。

公司的品质好坏，关键是看能不能具有定价权。并不是说消费品就好，投资品就不好，关键还是在于有没有定价权。消费品更能有定价权是因为消费品是差异化产品，而且下游是分散的客户，公司的议价权更大；投资品的定价权更有限是因为它们经常是无差异的同质化产品，下游客户更集中，因此公司的议价权更有限。

我特别重视行业格局的变化，因为行业竞争者的增加往往会把行业带入死胡同。美国的次贷危机是怎么搞出来的？其实它的根源是在1999年，《格拉斯 - 斯蒂格尔法案》（*Glass-Steagall Act*）被废除。当时为了使花旗顺利买下旅行家和所罗门兄弟公司，花旗的CEO桑迪·威尔（Sanford Weill）去游说国会废除大萧条时期制定的《格拉斯 - 斯蒂格尔法案》。废除之后，美国的商业银行就大举进入了投资银行业。商业银行在进入投资银行业后具有资本优势和客户优势，投资银行业的行业格局于是发生了变化：原来只有5家大投行在玩，现在是10家在玩。原有的5家为了维持自己的利润增长，就只好搞创新，最后搞出了次贷危机。

公司品质很大程度上在于行业格局是否良性、行业竞争是否激烈。所以每次我调研公司，都会问高管几个问题：你对你的竞争对手怎么看？最近竞争对手有没有什么做法让你特别难受？你最近有没有什么做法让你的竞争对手感到难受？比如去调研装修行业，会发现过去两三年他们彼此不讲坏话，说明这个行业的竞争格局还不够激烈。但是看有的行业，两家龙头公司在微博、报纸上对骂，说明了行业格局的恶化。行业竞争太激烈，谁都赚不到钱。

◎ 对政府扶持的新兴行业为什么要谨慎

我为什么不太喜欢政府支持的新兴行业？因为政府的支持其实是增加了供应，增加了行业的竞争对手。比如风电和光伏，2010年一扶持，立马全国遍地开花，才两三年时间，马上供应过多、产能过剩。LED是一项很好的技术，它的需求确实上来了，技术也是可以的，也节能环保，但是最后大家都没有赚到钱。为什么呢？行业格局太分散了。前几年很多地方都是上一台MOCVD地方政府就补贴1 500万元，这种补贴让企业在技术不成熟的时候就把产能摊子铺起来了，结果一定是产能过剩和恶性竞争。而且这种补贴还有一个不好的地方，就是都有地方保护主义。比如很多地方招标电动的公交车，就要求公司在当地采购，有的甚至连电池材料都要求当地采购。政府的扶持加上地方保护主义，反而阻碍了全国统一市场的形成。

我其实特别怕这种政府鼓励的行业，因为政府的基因和创新的基因往往格格不入。硅谷的苹果、Facebook、谷歌……没有哪家是政府扶持出来的。中国如果在十几年前就把互联网定位成国家大力扶持的战略产业，今天的互联网可能就是国有企业的天下，中国也就出不了百度、阿里、腾讯这些伟大的公司了。

一个行业一旦受到政府扶持，冲破各种桎梏的希望就不大，所以我一直对政府扶持的行业保持谨慎。政府对扶持的对象往往选择有误，中央政府没有精力和能力去管得这么细，各地方政府则倾向于各自扶持当地的企业，最后造成产能过剩、价格竞争。最后，资金都耗费光了，就没有钱搞研发了。没有钱搞研发，就竞争不过国外，而创新行业是以研发和创新为基础的，打价格战没有赢家。

电动车最后成功的是特斯拉（Tesla），而且它的技术路线和2010年热炒的那些技术路线都是不一样的，它的技术路线是几千块小电池并联在一起。当时市场炒作新能源，每个人都说自己是比亚迪的供应商，后来调研结果显示，只有卖包子的老阿婆没有撒谎——她真的为比亚迪食堂提供早餐的肉包子，比亚迪根本就没有向当时大家热炒的那些A股厂商采购过。

如何判断公司的品质？首先是看行业的格局，不要有太多人做，做的人多了，竞争自然就激烈了。银行之所以好赚钱，就是因为虽然中国有大大小小两三千家银行，但全国性的银行没有多少家，主要的市场份额都在上市的这十几家银行手里。

投资微论

政府扶持 政府今天扶持这个明天打压那个，但有些行业越打压越赚钱，有些行业越扶持越亏钱。不是因为政府的力度不够，而是因为有些经济规律是不以人的意志为转移的。扶持其实是鼓励更多的人进入行业而加剧了竞争，打压却限制了新增供给，反而改善了竞争格局并且让行业龙头做大。

◎ 品质的判断 2：差异化竞争

对品质的判断，第二个要注意的是差异化竞争和同质化竞争的区别。为什么钢铁业赚不到钱？因为提供的是同质化产品。为什么航空业在国外长期赚不到钱（在国内可以赚钱，因为大的只有 3 家，而美国有多家）？因为提供的基本上是无差别产品（当然细究之下还是有一些差别的，例如航空公司的历史安全纪录、机型等）。为什么白酒好赚钱？因为它是一个差异化的产品。可口可乐好赚钱，也因为它是一个差异化产品。**差异化的第一个标志是品牌。**

品牌也要进行区分，有的品牌只有知名度，没有美誉度。中国有很多品牌，但真正有美誉度的品牌不多。一个品牌的产品如果是用来请客送礼的就特别好，因为有个面子问题。请客送礼的东西是越贵越买的，在家里自己用的东西就不是越贵越买的。最近服装股和家纺股跌得一样惨，但其实服装还是比家纺要好。当然家纺的格局比服装好，家纺就只有三家慢慢脱颖而出了，服装竞争更激烈。但是，服装是穿在外面的，有个品牌，有个小 logo，消费者就会觉着物有所值。请客送礼或者在外面可以炫耀的产品更有定价权。所以说，差异化、定价权的一个来源是品牌，而且最好是请客送礼的品牌。

差异化的第二个标志是有回头客，即用户黏度高。少量多次的购买是最好的。我不太喜欢靠大订单的企业，今年有大订单，可能明年后年就没有了。

差异化的第三个标志是单价不要太高。单价高的商品，消费者对价格较敏感，相反，单价低是个优势，卖家容易有定价权，比如口香糖，因为单价低，消费者对价格差异不敏感，它的定价权就比汽车定价权要高。汽车的品牌还是有一点用的：同样质量的车，如果有品牌，会卖得贵一点。但它不是决定性的，因为汽车是大宗商品，大家买的时候会慎重，会考虑性价比。全世界市值最高的汽车公司是丰田，而不是宝马和奔驰。可以看到，虽然宝马卖得贵得多，但是曾有很长的一段时间，丰田的净利润率超过宝马，说明汽车业更多是靠规模效应和精细化管理，宝马的品牌溢价还不足以带来比丰田更高的利润率。

差异化的第四个标志是转换成本。比如软件，前阵子公司技术部门建议我换一个大屏幕下面带两个小屏幕的新电脑，我没同意，一方面是因为我不愿意有更多的屏幕来关注短期的股价波动，但更重要的一方面是时间上的转换成本。如果更换医疗使用的设备或耗材，医生就需要时间去适应新的产品，转换成本就会高一些。转换成本高的产品用户黏性高，定价权就高。

差异化的关键在于能不能提价，提价之后是不是影响销售。我最近在研究一个小的快速消费品公司，十几倍市盈率，市值也不大，全中国只有四家，市场占有率大概 90%。品牌可以，还控制了一些上游资源。但 2013 年它试着提了 13% 的价，随后需求一下子跌了 20%，于是它又赶紧把价格降回来。这说明它现在不具有定价权。

差异化的第五个标志是服务网络。工程机械在全世界每个国家都只有 1~3 家，都是赢家通吃，很重要的一点就在于服务网络。比如如果一辆泵车坏了，工地停工一天就要浪费几十万元的成本。所以必须要在几小时之内修好，修不好的话就要赶快拉一台新的来换。这种情况下服务网络就很重要，规模效应就很明显，龙头企业在服务布点上的优势就让后来者很难赶超。

产品的销售半径小，也是一个优势。比如水泥就比钢铁好，大家都是无差异产品，但水泥可以在某个城市占 80% 的市场份额。曾经的世界首富，墨西哥的卡洛斯·斯利姆·埃卢（Carlos Slim Helu）就是做水泥出身的，当然他也做了很多其他的行业。

再比如房地产，房地产为什么好赚钱，部分原因就在于销售半径小。东莞的房子没办法搬来和深圳关内的房子竞争。华侨城片区的房子，街这边卖 3 万元一平方米，街对面卖 6 万元，6 万元一平方米的楼盘卖得比 3 万元一平方米的还快，这就体现出开发商品牌的定价权。

再比如高档手表，高档手表按理说应该是利润率很高的，但这是一个全球性竞争的行业，中国的手表商要和全世界的手表商竞争。而就算是一个只有 3 亿元的小地产开发商，楼盘只和本区开发的产品竞争就可以了，竞争的激烈程度小得多。

差异化的第六个标志是先发优势。好的行业里，领先企业通常有较为明显的先发优势。我比较喜欢买的是龙头，而且是有先发优势的龙头。只要在行业内领先，后面的公司一辈子也追不上，这就是先发优势。俗话说男怕入错行，我们个人在做事业选择时，很重要的一点就是要找到有先发优势的行业。我认为做一个证券分析师就很有先发优势。做 10 年之后，和新进来的人相比，你的市场影响力、在行业内的人脉、对行业的理解是完全不一样的，这是个好行业。像外国的券商研究所里有 60 多岁了还在做分析师的人，也做得很快乐。但是，做程序员就不一定是一个好行业，可能 3 年就需要学一种新的计算机语言，除非你转型做产品经理。中国的很多行业就是这样，总是有后浪不断去推前浪，最后把前浪拍死在沙滩上。这样的行业就很难受。

其实现在炒的这些创业板公司，大多没有这种先发优势。当然其中有一小部分是有核心竞争力的，也出了一些很好的成长股，但是很多公司拿订单的核心还是靠便宜。

再过 5 年，中国可能会有很大一部分制造业被外包到越南、印度等国家。中国这几年劳动力成本、土地成本、环保成本上升很快，再加上汇率升值，我们的成本优势已经完全丧失了。2003 年以前，我们的人工成本是墨西哥的 1/10，2013 年我们是他们的 75%，基本上是同一个量级的，已经没有什么优势了。2003 年以前跨国公司可以把美国的产能转移到中国来，10 年以后一样可以转移到越南等国家去。不过短期内还转移不动，因为总成本价差还不够大。现在的价差只有 10% 或 20%，而且拆旧厂建新厂还有固定成本的问题。但是到下一代技术，特别是对那些技术变化快的行业来说（比如 iPhone3 零配件的产能到了 iPhone8），原有的技术和优势可能一点用处也没有了（iPhone8 就采用新的技术了）。我比较讲究先发优势，在行业内技术变化太快的行业里，这种先发优势就很难看到。

尽管美国的科技股是美国过去 30 年涨得最好的行业，出了不少涨幅几百倍甚至上千倍的牛股（20 世纪 90 年代雅虎涨了几百倍、思科涨了上千倍），但为什么长期业绩好的投资大师如巴菲特、芒格、索罗斯、彼得·林奇、约翰·内夫（John Neff）、杰里米·格兰桑（Jeremy Grantham），没有一个爱投科技股？一个重要的原因就是这个行业技术变化太快，先发优势不明显，护城河每 3~5 年就要重新挖一次，太难把握。

投资微论

财务分析 许多人对财务分析不屑一顾，但是对季报利润比预期多一分钱还是少一分钱耿耿于怀。其实随便一点会计手段（向渠道压货、改变折旧方式、存货价值重估、信用销售）都可以轻易地改变每股盈余几分钱。对行业格局的分析和对公司核心竞争力的理解是“道”，财务分析只是“术”，但是后者对前者起着验证和把关的作用。

◎ 品质就是搞明白这是不是一门好生意

总结一下，判断一个公司所在的行业好不好，首先是看行业竞争格局是不是清晰，领先者有没有品牌的美誉度，领先者产品的售价是不是显著高于其他竞争者，领先者有没有网络服务的优势，有没有规模效应，产品的销售半径是不是相对比较小（不用参与全球竞争），是不是有回头客，是不是低单价（下游对价格不敏感），是不是转换成本高，领先者是不是有先发优势，技术变化是不是没有那么快。对品质的评判有很多指标，核心是“这是不是一门好生意，有没有定价权，是不是一门容易赚钱的生意”。

比如我不太喜欢女装品牌，我认为女装品牌忠诚度没有男装高。男人比较懒惰，30 岁时习惯买一个品牌，到 50 岁还是买这个品牌。女人三天两头变，款式变、颜色变、花样也变，女人又比男人爱逛街爱比较。所以我总觉得男装比女装容易赚钱。

我作为一个基金经理比较愿意读到的报告，是把一个公司与它的直接竞争对手做比较的报告，这对我的帮助是最大的。现在看 10 篇报告，有 9 篇都是孤立地讲这个公司多么多么好，和竞争者的比较都是一笔带过，这样的报告对我其实帮助不大。绝对的好没有意义，一定要和别人比较。我一直强调胜而后求战，愿意买已经把竞争对手打趴下的公司，而不是战而后求胜，在百舸争流中猜赢家。

很多人炒新兴行业根本没有把这些行业搞清楚，其实这些行业还处在婴儿期。买一只股票，要讲究买在什么阶段。如果我们可以提前付一个人一笔钱买断他一辈子的收入，那么你愿意在什么阶段买？你愿意在他读幼儿园的时候就付这笔钱么？就因为他是一个新兴行业、是一只成长股？那个时候根本没有办法判断！你可以等到大学，如果他读的是名牌大学，未来成功的概率会大一点。不过最好是等到他工作三年以后，可以看到他是不是在一个好行业中找到工作、晋升的速度是不是较快，那个时候是最好的。买入一个真正好的公司、好的行业，你永远都不会太迟。就像百度、腾讯这种股票，一直等到它们把对手打趴下了，在优势已经很明显的2005年再买，也还有几十倍的空间。

另外，我认为行业研究员能够给基金经理提供的附加值在于讲出这个行业的特点。2013年最火的行业是传媒业，因为电影的票房很高，但是“电影的商业模式到底是怎样的？”这个问题却很少有人探讨。作为一个内容行业，电影的特点就是它的利润缺乏可预测性和可持续性。这个电影可以有10亿元票房，下一个电影可能就只有3亿元票房。观众的口味是在不断变化的，特别现在80后和90后是看电影的主力军，他们的口味是很难把握的。

我分析公司、分析行业，更看重的是行业的内在特质和公司的长期经济特征这一类静态的信息，这些是规律性的东西，只有对行业真正理解了才能够说得出来。然而市场短期总是更关心公司这个月订单怎么样，下个月有没有资产注入这类动态的消息。跟踪动态消息的办法是术，不是道，若要真正长期地取得超额收益，必须要把行业的特性、内在的规律搞清楚。

再回到电影的例子。很多人以迪士尼为例说明电影商业模式的优势。但是迪士尼在电影业中是独特的，它起家时靠的是动画片，米老鼠唐老鸭是不会要求涨工资的，而且，迪士尼的动画片每7年就可以原封不动再卖一次，这种未来收入的可预见性在内容行业中是少见的。稳定和可预见的未来收入，这也是当年巴菲特购买迪士尼的重要原因之一。

但很多人认为，电影的票房增长这么快，一定有牛股。中国电影业过去10年的票房增长速率确实是很惊人的——每年40%~50%的增长。

但是如果要讲行业增长的故事，我有两个问题：第一，如果行业持续快速增长，电影的院线肯定是要赚钱的，那为什么港股上市的电影院线才0.5倍的市净率、7亿元的市值？第二，为什么在美国上市的博纳影业才15亿元人民币的市值？其实它2012年的收入跟A股的这些电影龙头是差不多的，为什么总市值相差二三十倍？

当然，跟创业板其他那些空手套白狼的公司比起来，A股的这些电影龙头还算是有些基本面支持的，至少它们在行业中确实是属于领先的。但是，对内容行业的公司，我不愿意在它们拍的电影很火爆的时候用50倍的市盈率去买，长期来看这具有戴维斯双杀风险。投资者应该在它们拍出烂片的时候用15倍的市盈率买入，这样就可以等待戴维斯双升。因为对内容行业来讲，好片之后可能接着是烂片，烂片之后可能接着是好片，这其间的随机因素太多，缺乏延续性。

内容行业的收入与利润的不可持续性，对手游行业来讲是一样的。几年前最火爆的游戏是《愤怒的小鸟》，虽然之后又推出了好多版本，但再也没能达到当初的那种火爆程度。所以《愤怒的小鸟》的创始人把自己的公司卖给了大型的传统游戏开发商，《植物大战僵尸》的创始人也同样选择了出售公司，他们都属于了解行业特性的明白人。然而，迪士尼的情况就不一样，米老鼠唐老鸭的动画形象在小孩和家长的心里扎下了根，成了“特许经营权”，他们会不断地反复购买各种各样的迪士尼商品。而手机游戏的生命力却只有3~6个月，绝大多数手游根本就没有什么黏性，更谈不上特许经营权。2013年市场对电影和手游行业的爆炒，最终结果就像纳斯达克泡沫最终的破灭一样是很清晰的，只是我不知道它什么时候会发生。

我并不是说手游作为一个行业没有美好的未来，相反，我认为手游的未来是无比光明的。就像1999年时我也认为互联网作为一个行业有着极其光明的未来，但这并不代表互联网企业的股票在畸高的估值下值得买入。

我是在1995年申请美国大学的时候开始使用互联网的，是中国的第一批网民。当时要访问美国大学的网站，输入网址后可以先去洗个澡，洗完澡出来，这个大学的网站才加载完成，而且出现的页面是纯文字版的，连图片都没有，当时的网速就是这个水平。

1999年时我不买互联网股票并不是因为不看好互联网的未来，而是因为它们太贵，而且当时行业还处于百舸争流的阶段，不知道谁是最终赢家。回头看，现在最大的互联网公司——谷歌、Facebook、腾讯1999年时还都没有上市呢，苹果当时也不被大家看好。在1999年上市、存活至今并且做大的其实也只有亚马逊、eBay、Priceline等少数几家，其他的几百家公司全都销声匿迹。在A股市场1999年恶炒的网络股中，更是连一家成功的互联网公司都没有走出来。因为好的互联网公司常常在天使投资、风险投资和私募股权投资阶段就有外资介入了，最后往往会去美国或者香港上市。1999年A股“5·19”行情爆炒的那些公司，事后证明都只是讲故事而已。

尽管在过去十几年中，互联网是发展最快的行业，但是十几年前在A股基本上找不到好的投资标的。同样，对于今天的新兴行业来说，未来最好的公司很可能今天都还没有在A股成功上市，看好新兴行业也不一定找得到好的投资标的。

三五年后，手机游戏可能是一个巨大的市场，但这个市场可能不是A股上市的这些手机游戏公司做出来的，因为这个行业实在是门槛太低、竞争者太多了。最后钱都被平台赚走了，内容公司只是为他人作嫁衣裳。

再举个例子：在2003年，如果比较中国的空调和手机行业，谁在之后10年的增长更快？手机基本是从无到有，2013年已经坐拥7亿多用户，是2003—2013年增长最快的行业之一；而空调的增速在2005年之后就大幅下降了。我们可以对比看看2003—2013年格力电器和美的电器的股价，再比较一下夏新和波导的股价。2003年以前，波导是“手机中的战斗机”，夏新的手机也供不应求。手机是2003—2013年中国成长最快的硬件行业，但为什么其长期股价走势还不如专注于空调的格力电器？是因为没有掌握核心竞争力，竞争者太多，还是因为技术变化太快？有人也许会说，这是山寨机，品牌机就不一样了。那就看看过去几年摩托罗拉、诺基亚和黑莓的命运。还有2000年的PALM，它当时是最酷的智能手持终端生产者和最牛的股票，但现在已经没有人记得了。

这种颠覆性的、技术变化快的行业，是很难在事前知道谁是赢家的。并不是行业增长快就能随意购买股票。这个逻辑在2013年的市场中是不被认可的，大家只是想着要买符合转型的公司、快速增长、有远大未来的公司，但是这种逻辑是经不起时间考验的。

一个成功的投资者应该能够把行业到底竞争的是什么说清楚，把这个行业是得什么东西得天下弄明白。比如说高端酒是得品牌者得天下，中低端酒得渠道者得天下。中低端酒的品牌忠诚度没有那么高，就看谁的渠道铺得更广，管理得更精细。同样是白酒行业，在不同的细分子行业中竞争的东西也是不一样的，投资之前必须把每个细分子行业中决定胜负的因素研究清楚。即使是同一个行业，投资者也得明白在不同阶段，到底什么因素是决定胜负的关键。比如说电子行业在一些阶段可能是得良品率者得天下，或者是得技术路线者得天下，或者是得订单者得天下。

投资微论

要认识一个行业，不妨做一道填空题：得____者得天下，用一个词来概括这个行业竞争的是什么。例如，基金业是得人才者得天下，高端消费品是得品牌者得天下，低端消费品是得渠道者得天下，无差异中间品是得成本者得天下，制造业是得规模者得天下，大宗品是得资源者得天下。

问题3：时机

投资的第三个大问题是时机。都说投资是科学加艺术，在投资的三个基本问题中，估值是最接近科学的，有一整套的方法和规律可以学习；而选时是最接近艺术的，只可悟、不可学，只可意会、不可言传。

也有许多人试图从历史股价走势中总结出各种选时的规律，有些是依靠事前无法断定、事后昭然若揭的主观图形，例如数浪，A浪、B浪、第几大浪、第几小浪都是事前模棱两可，事后一览无余的，这样的方法就是“艺术”了——不可检验，无法证实也无法证伪。还有一些是依靠客观指标的，比如突破一定的百分比就是反转信号，移动平均线交叉就是交易信号，等等。

这些信号其实是可以用历史数据测试的。多年前我曾与程序员一起用世界各国的海量历史数据测试过许多这样的“客观化”的技术指标，模拟结果令人失望：我们几乎找不到有效的指标，而且大部分只有 50% 左右的正确率，甚至不能够用作当反向指标，少数模拟有效的指标扣除了交易成本后也基本无利可图。对于选时指标，经常错的指标和经常对的指标的价值是一样的，最无用的就是那些接近 50% 正确率的指标，而大多数的技术指标都在此列。

当然，也有些基金经理靠技术指标判断市场方向，根据这些指标进行的波段操作和及时止损来控制下行风险，管理的基金的长期业绩突出，也深受机构投资者的欢迎。不排除确有深谙此道者能够持续创造超额收益，但是，作为投资者的你很难识别这种选时能力。国外的研究表明，判别一个人有没有选时能力需要 54 年，因为选时只是二选一的涨跌选择，要判断一个选时正确的人是因为能力强还是因为运气好，需要积累很多年的数据才能够有足够的样本数进行区分。

对于多数人而言，对待选时的正确态度应该是避免把大量的时间花在试图“抄底”或者“逃顶”上。从时间耗费的投入产出比的角度来看，对于一个公司的基本面而言，你研究了 3 个月，比一个研究了 3 天的人做出的投资结论的胜算要高得多。然而，你在一张 K 线图上花 3 个月计算各种指标，也不见得能比一个看了几秒钟 K 线图的人判断更准确。彼得·林奇说的“如果你每年花 10 分钟在宏观分析上，你就浪费了 10 分钟”也是同样的意思。

总有人感叹错过了一只几十倍的大牛股，卖得太早了；而不久之后又会因为回避了某只股票 20% 的调整而沾沾自喜。其实，二者常常是鱼与熊掌不可兼得的。短期选时与长期投资虽然有时可以并行，但是更多的时候是相冲突的。

密歇根大学金融学教授内贾特·赛亨（H. Nejat Seyhun）对 1926—2004 年美国市场指数进行研究后发现，不到 1% 的交易日贡献了 96% 的市场回报。同样的数据，出发点不同就有不同解读。长期投资者说，这说明长期投资是对的，这样才能保证那 1% 的日子出现时你有持仓。短线选时者说，这说明波段操作是对的，因为其他 99% 的日子里你根本就不需要有仓位。二种观点的分歧在于，这 1% 的交易日是否事前可预知。

对于强调基本面分析的人来说，短期选时难度太大，相比之下长期择时更有意义。从统计意义上来说，最低点或最高点的成交量占全年的成交量的比例极小，精确的“抄底”或者“逃顶”跟彩票的中奖概率差不多。如果把“底”和“顶”在价格上看成区间、在时间上看成时段，用更长期的眼光来看问题就会相对简单一些。

对我而言，第一种办法是看估值。在世界各国的股市历史中，市场估值是长期均值回归的，例如，美国、欧洲各国市场的长期市盈率中值都在 15 倍左右。低估值时高仓位，高估值时低仓位，这个“笨办法”虽然既不能保证“总是对”、也不能保证“马上对”，但是长期坚持下来，一定是有超额收益的。

第二种办法，是根据各种指标之间的领先和滞后关系进行分析（具体请参读本书第 10 章）。

第三种办法，是根据对市场情绪的把握和逆向思考进行分析。其实，长期选时如果能够避免追涨杀跌，避免受众人的极端情绪影响，就能先立于不败之地。基金业的某教父级人物曾说过，从选时的成功率来看，“死多头”和“死空头”的正确率长期看各有50%，但是大多数人的选时正确率不到50%，因为人们易在暴涨后乐观、在暴跌后悲观，结果常常是高点高仓位、低点低仓位。如果我们观察一下A股公募基金的平均仓位，就会发现仓位最高点出现在2007年6 000点，仓位最低点出现在2008年的1 664点。所以才会有“88魔咒”的说法：当公募基金平均仓位达到88%以上时，一般就是市场阶段性见顶的信号了。

国外的公募基金绝大多数不选时，契约上就白纸黑字地要求95%以上的仓位，原因很简单：过去100多年的历史表明，国外选时的基金的长期业绩不如不选时的基金，就是因为大多数选时的人往往出现高点高仓位，低点低仓位的情况。

我的第一个老板曾经半开玩笑地说他有一个最佳选时指标，就是他的远房表弟，平时联系不多，但是每次市场火热时表弟就会打电话来问他对股市的看法，这通常是市场接近见顶的信号，老板称之为“表弟指标”。

其实，能成功选时的总是极少数。**对于多数人而言，只要把估值掌握好，把基本面分析好，淡化选时，长期来看投资回报就不会差。**2013年谈基本面就输在起跑线上了，说估值就死在起跑线上了，但这种现象不是常态。总体上看，A股市场过去10年的趋势是越来越重视基本面，越来越重视估值。这个趋势是不会变的。随着QFII（Qualified Foreign Institutional Investers，合格的境外机构投资者）的进入，这个趋势只会得到进一步加强。2013年大家都说QFII不懂A股，再过几年，QFII的话语权增大后，那就不是“QFII不懂A股”，而是“A股不懂QFII”的问题了。

投资微论

历史上的股市见底信号 1. 市场估值在历史低位；2.M1 见底回升；3. 降存准或降息；4. 成交量极度萎缩；5. 社保汇金入市；6. 大股东和高管增持；7. 机构大幅超配非周期类股票；8. 强周期股在跌时抗跌，涨时领涨；9. 机构仓位在历史低点；10. 新股停发或降印花税。

共性的、本质的、规律性的分析

估值分析加基本面分析长期来看是行之有效的，这一点我丝毫没有怀疑过。尽管 2013 年谈基本面和估值与市场格格不入，但是长期看一定是对投资业绩有帮助的。

在基本面分析中最重要的是那些静态的、本质的、规律性的分析，而不是动态的订单之类短期的经营情况。管理层的素质是静态的、本质的。如果能够对管理层的素质和道德水平作出定性的分析，对投资是特别有帮助的。首先，这个公司的管理层可不可靠、值不值得信任，是否曾经误导过投资者。其次，他们对行业的认识和这个行业的实际趋势是否相符。再次，这个公司的管理层有没有执行力，对公司的中层是否有足够的控制力和号召力。这三个问题是都是些静态的信息，一旦找到答案，短期内是不会改变的。

对中小公司而言，管理层是特别重要的。中小公司更多地处于靠个人英雄主义的阶段。一两百亿元以上市值的大公司，更需要依靠一种机制而不是某个人。所以对大公司的分析，我经常需要看这个公司中层的关键绩效指标（Key Performance Indicater，KPI）是怎么定的。

比如，我们就曾经比较过金螳螂、亚厦、广田、洪涛和瑞和的 KPI 考核指标。因为装修行业的项目是散布在全国各地的，管理半径长，管理得好与不好差别非常大（全国性的房地产公司也是同样的道理）。考核导向是非常重要的，我们发现，哪家公司 KPI 最重视现金流和回款，哪家公司的现金流和回款就最好。大公司不能再依靠个人英雄主义，必须要靠管理、靠文化、靠机制。我们要寻找的就是那种好行业中的好公司，最好还有好的管理层和好的管理机制。

把投资分析简化为估值、品质和时机三个问题，不敢说是最好的办法，肯定也不是唯一的办法，但我相信它是一个相对行之有效、相对简单可行的办法。而且，它也不只是在 A 股行之有效，从我在美国、加拿大、韩国、中国香港等很多个国家和地区的亲身经历来看，这个办法的效果都不错。

的确，投资有相当一部分是因时而异、因地而异、因国家和行业而异的；但是，投资也有一些更为本质的东西是共性的，是放之四海而皆准的，并不会因为国家和行业的不同而不同。作为一个职业投资人，我们要研究的就是这些共性的、本质的、规律性的东西。

投资微论

投资理念VS具体知识 如果把投资比成项链，那么投资理念就是线，对公司、行业的具体知识就是珠子。只有珠子没有线的人是行业专家，但不是行业投资专家。只有线没有珠子的人是投资学家，但不是投资家。二者只能选其一时，珠子更有用一点。所以一些没有投资理念的人短期业绩也可以很好，因为刚好找到了一个大珠子。对研究员而言，珠子更重要，但研究员应该是行业投资专家而不仅是行业专家，所以也要有一定的投资理念来把对行业公司的知识串在一起。对基金经理而言，线更重要，但只有线没有珠子很容易成为眼高手低的理论家，必须通过不断地调研保持对行业、公司动态的了解。

两句令我很受启发的话 一句是某投资界牛人说的：投资就是要杀鸡用牛刀，因为杀鸡用鸡刀不能一刀毙命，反而容易伤到手，必须集中兵力深度调研打歼灭战。另一句是某上市公司总经理说的：带兵打仗，人是第一位的，因此即使目前经营环境恶劣，也不能减少对员工和团队的投入。

05

宁数月亮，不数星星

买黑马股的人有点像赌石：买块不起眼的石头，期待能开出好玉来。2013年的情形是太多的人争着去赌石，玉没人买，结果石头的价格被炒得跟玉的价格很接近：有些还不怎么盈利的黑马股的市值已到了两三百亿元，而寡头行业龙头的白马股的市值也不过五六百亿元。这时候，我宁可买玉。

听邱国鹭谈行业投资

#周期性成长股#

市场低迷时，周期性成长股是最值得关注的，因为它们的估值会因其周期性而被恐慌性杀跌，但业绩增长却能因其成长性而跨越周期。与非周期性成长股（估值不低）和新兴行业成长股（估值过高）相比，周期性成长股在当前股价下的性价比更高。

#港股#

港股的金融股为何比 A 股溢价多这么多？为何许多港股小股票才 5~15 倍估值而 A 股小股票动不动就 50 倍估值？国际金融大鳄、对冲基金参与的香港市场定价有没有参考价值呢？这些身经百战的职业投资者对中国行业和公司的理解真的一无是处吗？行业资本和国际资本的定价对中长期价值投资者往往有启发。

#季报#

历史表明，低估值价值股相对于高估值成长股的超额收益常出现在季报公布前后，因为市场对高估值成长股的业绩预期往往太高，因此季报容易令人失望；相反，市场对低估值价值股的业绩预期往往太低，因此季报容易超预期。近期业绩快报也突显了这种预期差，直接推动了市场风格转换为低估值白马行情。

为何“数月亮”

“来，咱们来数星星。你智商低，你数月亮吧。”这个段子引人发笑，但在股票投资中，我们要宁做数月亮的人，不做数星星的人。

从行业配置的角度看，有的行业集中度高，两三个龙头企业就占据了行业中绝大部分的市场份额，研究这样的行业就像数月亮一样简单；有的行业集中度低，参与竞争的企业多如繁星，要把行业的竞争格局搞清楚就像数星星一样困难。研究后者肯定比研究前者困难得多，但是投资收益的高低与研究的难易却常常不成正比。

如果比较长期的利润增长，数月亮的行业常常战胜数星星的行业。为什么呢？原因很简单。数月亮的行业一般门槛高，参与竞争的企业少，所以竞争有序，坐地收钱，旱涝保收；数星星的行业门槛低，谁都能进来，竞争激烈，经济好时担心成本上升，经济差时担心需求下降，好日子总是不长久。前者是赚钱不辛苦，后者是辛苦不赚钱，比较之后，哪一类公司更适合投资，其实是一目了然的。

最好也最容易研究的竞争格局是“月朗星稀”，就是一家独大，其他竞争对手都不成气候。例如，一家生产原材料的企业所处的本来是生产同质化中间产品的烂行业，但是它占有了该细分领域的中低端市场近一半的市场份额，行业第二名的市场占有率还不到它的 1/5。因此，即使是在 2011 年行业低迷、竞争对手纷纷亏损的背景下，它还能保持 10% 以上的净利润率。这就是得益于“月朗星稀”的行业格局。

稍差一些的竞争格局是“一超多强”，彼此之间虽然有竞争，但老大的优势还是很明显，例如工程机械、客车以及某些汽车零配件，行业老大的市场占有率远超老二、老三，龙头企业的规模优势、品牌认知度和服务网络优势令竞争对手难于追赶。

再次一些的竞争格局则是“两分天下”和“三足鼎立”。空调是两分天下，所以空调龙头企业的股价可以达到十几倍的涨幅，同为家电制造但是竞争格局更为分散的电视企业则无法相提并论。

最差的竞争格局就是“百花齐放”“百舸争流”的高度竞争行业。这种充分竞争的行业一般是吃力不讨好的行业，长期投资者不妨等待他们通过竞争分出胜负之后再投资。许多人都担心等行业竞争分出胜负后再投资会太迟。其实，只要看一下腾讯、百度、谷歌等公司的情况，它们在几年以前就已经击败行业内的其他对手成为一家独大的“月亮”了，但是过去几年的投资回报率依然不菲。

“数月亮”的行业还有一个不太好听的名字：寡头垄断行业。寡头垄断也分两种：国家给的和市场给的。国家给的寡头垄断（例如公用事业）往往伴随着价格管制，长期投资回报一般不会太高。只有市场竞争、行业洗牌后产生的寡头垄断才有定价权。中国的行业大多竞争激烈，真正靠市场洗牌后产生的寡头行业并不多。

不过，我们说的行业是细分子行业的概念。有些大行业内貌似竞争者多如繁星，但是在细分子行业的竞争格局中已经实现了“三分天下”甚至“一超多强”。例如，白酒品牌貌似多如繁星，但是高端白酒和次高端白酒每个价位内可选的品牌实际上屈指可数；男装品牌貌似多如繁星，但是中高档国产品牌能实现全国布局并且具有美誉度的却寥寥无几；药品种类貌似多如繁星，但是许多病症的可用药基本就是独家品种。因此，在细分子行业的层面，可以“数月亮”的板块其实并不少。

另外，我们说的竞争是区域市场的概念，有的行业从全国的范围看好像市场挺分散，但是在某个特定的区域，市场已经形成了寡头垄断。比如，全国有上万家房地产公司，但城东的楼盘与城西的楼盘之间有时就不存在直接的竞争关系。啤酒、水泥等销售半径小的行业也一样。例如，有的啤酒公司，在其“一家独大”的省份，净利润率能够做到15%以上；在竞争者多的省份，净利润率则不到1.5%。同样的啤酒，由于不同的市场竞争格局，利润率可以相差10倍，可见竞争格局对利润的影响之大。因此，销售半径小的行业，例如房地产、啤酒和水泥，容易在某区域市场产生局部的“月亮”。

有统计表明，拥有博士和硕士学历的人炒股的收益不如拥有小学学历的人。这个统计结果也许不一定有代表性，但也说明了一个问题：投资收益与智商高低无关。高智商的人有时喜欢做一些有挑战性的难事，但是最赚钱的投资机会往往是简单的。数星星比数月亮更有技术含量，但是投资结果往往与智商和技术含量无关。对投资者而言，等企业竞争分出高下，在“月朗星稀”、胜负已分的行业中投资行业龙头，是胜而后求战；在那些竞争者多如繁星的行业中硬要去猜谁是最后赢家，是战而后求胜。两种投资方法孰优孰劣，不言自明。

如何“数月亮”

在我的投资生涯中，一直信奉四个原则。

第一个原则是，便宜是硬道理。为什么说便宜是硬道理？回顾 2015 年下半年港股市场大幅下跌之后，很多港股拥有匪夷所思的低估值。汽车和地产都是比较容易计算价值的行业，我们当时找到几家公司计算后发现明显的低估机会就买入了，后来的回报也是令人满意的。回头看，市场当时怎么可能这么傻，定价如此之低，但确实就这么傻。而且当时选择在底部抛出这些股票也有配备了世界顶级分析师和投资经理的万亿美元级的国际公募基金。为什么会犯这种错误？当时他们可能自上而下不看好中国，不看好地产，或者自上而下觉得人民币要贬值。在这种情况下，“便宜是硬道理”开始突显意义，资本市场每几年就会有这种“捡钱”的机会。

第二个原则是，定价权是核心竞争力。好公司跟坏公司的一个区别在于是否拥有定价权。好公司通常赚钱不辛苦，它定多少价格就是多少价格，最典型的案例是茅台，大多数白酒公司是想提价却提不动，茅台是调控经销商不让其炒高价格，对炒作价格还有一定的惩罚机制。相比之下，有一些没有定价权的消费品公司，稍微提高产品价格，当期销售量就大幅下滑，随后迫不得已只能降价。

第三个原则是，胜而后求战，不要战而后求胜。这是《孙子兵法》里的一句话，我认为大多数可控的投资，投的是已经发生的未来。站在当下要看到未来的确定性，那它应该是胜负已分的行业。这个原则可能更多适用于二级市场而不是一级市场。如果你做天使投资，追求胜而后求战，那你基本上没事情可干。但是即使是天使投资也需要一个终局思维，需要理解未来是什么样的，分析这个行业的特性是赢家通吃还是百花齐放。二级市场中，我比较喜欢在胜负已分的行业里面找赢家，一般不在百舸争流、万马齐奔的竞争中赌大小。A股炒作的特点是经常找对了赛道，但赌错了赛马。比如，2010年整个电动车产业链的前景很好，但个股很糟糕。再比如，2013年年底大家都非常看好游戏股和电影股，但是最后A股手游行业找不到赢家，最后的赢家是腾讯和网易，这两家占了大约80%的市场份额，A股各种转型或并购手游的公司基本上都没有成功。

第四个原则是，人弃我取，逆向投资。投资无非就是以便宜的价格买到好公司。首先要买好公司，买差公司不是我们追求的，但是好公司何时会便宜？大多数发生在它出现一些问题而被投资者抛弃的时候。2003年美国出现疯牛病，麦当劳的股票遭到抛售，因为它的主力产品是牛肉汉堡，事件之后麦当劳的股价持续上涨了多倍，这是我学习逆向投资的第一课。有些产品是刚需，负面事件会影响短期的销量，但长期销量不会受影响。例如中国也曾发生过一些食品安全事件，2008年伊利、蒙牛等多家奶企的产品中检查出三聚氰胺，2012年年底白酒行业发生塑化剂事件，这些事件发生时股价出现了大幅下跌，事后证明都是较好的买点。

我们如何去判断行业是否胜负已分，怎么样才知道它要出“月亮”？可以用一个词概括良好的行业格局——“月朗星稀”，就是月亮很亮，星星很少也很暗，说明这个行业已经分出胜负，而不是繁星满空。数星星是辛苦不赚钱的活，相反，数月亮是赚钱不辛苦的活。同理，如果行业胜负已分，你会发现这个行业赚钱不辛苦，如果行业胜负未分，大概率是辛苦不赚钱。当然也有例外，有的行业还没有分出胜负的时候，大家都活得很好，但这不一定是长期可持续的，因为还会洗牌，可能不断有新的竞争者进入。有人担心等胜负已分的时候再投已经太晚，其实一般不会。天下大势分久必合、合久必分，整个商业的发展史最后大多数都体现了头部效应，大部分行业都呈现出集中度提升的规律，百花齐放是例外。美国历史上，哪怕是钢铁行业，最后也出了卡耐基，而石油行业也出了洛克菲勒。很多行业的资源会不断向头部公司集中。当 2012 年、2013 年大家非常看空地产的时候，我们很坚定地认为龙头地产公司一定会比行业中的小公司发展好。一家龙头地产公司与一个小地产商比较，龙头地产公司拿地价可能便宜 10%，同样地段的房子可能多卖 10%，融资成本可能低 5%，采购成本价可能低 10%，所有这些因素综合起来，龙头地产公司可能赚 10% 的净利润，小地产商却不赚钱。所以，过去几年地产行业的集中度不断提高是不可避免的，现在几大龙头地产公司的年销售额都在 5 000 亿元以上。

研究股票时我通常会先从行业入手，总结行业的规律和特性，重视行业格局，因为**行业格局往往决定结局**。有时候一个商业模式较差的行业如果格局好，行业内的各个公司活得也很好。而一个商业模式较好的行业，一旦好格局被破坏，参与者的日子也将变得很艰难。例如，白色家电原本并不是一个很好的行业，竞争过于激烈，但是一旦形成了两分天下的行业格局，格力、美的都能维持较高的净利润率。一些产品差异性不够大的行业，只有达到一定的集中度才拥有一定的定价权。

好行业如果格局分散，大家都赚不到钱；差行业如果集中度较高，也有可能赚钱。因为在不断发展的过程中，行业内的公司越来越少，龙头逐步拥有定价权。

我们要关注行业格局的演化，思考哪些行业是有“月亮”的，哪些行业正在形成“月亮”，哪些行业永远都是“繁星满空”。

这其中的关键是先发优势。哪些优势能保证领先者不会被后来者超越？例如奢侈品追求古老悠久的历史背景和传承，这个竞争力永远无法被超越，因为新创公司无法拥有比现存龙头公司更长的历史。美国的科技全球领先，可以创造特斯拉，但却没办法创造 LV、爱马仕。这种不可颠覆的先发优势就是一个很高的门槛。如果没有先发优势，行业就永远是长江后浪推前浪，前浪死在沙滩上，那么行业就容易碎片化，难以整合。

另一个关键是规模优势。网络效应是规模优势的一种，人越多体验越好，产品价值随着购买产品的消费者数量的增加而增加。有规模优势的行业就容易产生规模效应。我经常问研究员一句话：“这个行业是越大越强还是越大越难？”越大越难就是不好的生意。很多行业是越大越难的，例如，服装零售行业中的一些公司在全国两三千个县市开设数千家门店，但是标准化做得不好，随着门店增加，管理半径和管理难度呈几何级数的增长。

行业格局本身并没有直接的意义，重要的是格局背后的定价权，那是舍我其谁的不可替代性带来的定价权，这才是区分赚钱不辛苦和辛苦不赚钱的分水岭。例如，铁道部是垄断的，但它却是亏损的，因为它的定价权不掌握在自己手中，即使垄断也没用。很多消费类或者医药类的公司，行业并不是很集中却也拥有定价权，因为子行业之间千差万别，只要在子行业中成为局部的“月亮”，就有定价权。例如心血管的药和糖尿病的药之间没有竞争，因为产品具有差异化的属性。而同质化的行业就比较难有定价权，除非在一定的区域里取得局部的垄断，成为局部的小月亮。

投行的人员可能最懂得如何定义天空，每一家 IPO 招股说明书中的公司都是其划定的足够细分的领域中的行业龙头。一些行业看似竞争对手很多，其实很多公司在不同的天空各自运转。例如，即使全世界的包出现产能过剩，爱马仕和 LV 也不会受到影响；茅台与二锅头之间是没有竞争关系的。所以如何定义天空很重要。还有一种情形是跨界竞争，例如鸭脖等休闲卤制品和奶茶、小零食等相互竞争，瓶装饮料与奶茶竞争，方便面与美团外卖竞争。如果出现跨界的降维打击，现有天空里的“月亮”可能就被掩盖了，就像天空中原有一个月亮，突然又闯入一个太阳，那月亮的光就看不见了。

我们如何去寻找定价权？有一个不错的选择是去寻找初升的月亮，寻找没被充分发掘的定价权，未来能够提价。如果能出现像格力、茅台这种已经皓月当空的公司，那也很好。有特许经营权的公司是好公司，但是如果想以便宜的价格买入，只能买受到质疑的月亮，或者正在产生的月亮。经历疯牛病风波的麦当劳、三聚氰胺事件中的伊利、塑化剂事件中的茅台可能是前者，而快递、啤酒和定制家具有可能是后者。

◎ 家装

家装行业是典型的高度分散行业，整体市场规模大约 2 万亿元，但龙头公司的市场占有率很低。传统的家装非标准化属性很强，行业进入门槛低、产品高度同质化、服务半径有限、管理难度较大，导致了极低的行业集中度，无法实现规模经济。2015 年行业涌入大量互联网家装公司，试图整合、替代线下家装公司，但因缺乏线下服务能力、很多工程无法按时交付和保证质量，最后部分互联网家装公司退出市场，行业格局依然很分散。

◎ 银行和保险

金融行业都是持牌经营，有一定的进入门槛。银行业有 4 500 多家机构，包含大型国有银行、股份制银行、城商行、农商行、村镇银行等；保险业有 230 多家机构，包含财产险公司、人身险公司、再保险公司等。显然，银行业、保险业都不是一家独大的格局，也不是两分天下或一超多强的格局，但这两个行业中的头部公司仍然拥有独特的竞争优势，例如零售业务领先、风控能力一流的银行。在高杠杆经营模式之下，竞争优势和风险都会被成倍放大，所以选择头部优质公司是较优的投资策略。

◎ 快递

从美国快递行业发展史来看，这是少数头部玩家占据寡头地位的行业，UPS、FEDEX、美国邮政形成寡头垄断的格局。受益于线上购物的高速增长，中国快递行业的增速也远高于其他行业的增速。中国目前有四通一达、天天快递、顺丰等多家快递公司，相继上市之后获得了更多的资金支持，彼此之间价格竞争更激烈。除此之外，中国还有京东自营物流，而阿里的菜鸟在行业中也拥有较大的话语权，使得整个行业的竞争格局更加复杂。快递是一个追求效率的行业，每一单包裹的利润大约几毛钱，所以必须以一种非常高效的方式把人流、物流、资金流组织在一起，才能形成规模优势从而盈利。经过激烈的竞争之后，这个行业可能会逐步形成“月亮”。

◎ 教育

中国的培训教育市场以个人培训和K12培训为主，其中K12教辅市场规模接近4 000亿元。优质的教育资源长期稀缺且分配不均，决定了K12教辅需求长期存在。目前K12行业参与者众多，但有几家全国性的培训机构，最大机构的市场份额约占5%，第二大机构的市场份额约占3%，其余机构份额很小。部分城市存在竞争力很强的地方性教辅机构，使得一些机构在全国化扩张过程中可能面临一定的竞争压力。所以，我们需要判断这是全国性市场还是区域性市场，如果教辅机构解决了全国化扩张面临的管理半径和效率的问题，那么规模优势下市场集中度会进一步提升。

◎ 定制家具

对比海外的企业，日本宜得利、韩国汉森、瑞典宜家等都成了各自区域里的行业龙头，中国家具行业的市场集中度却很低，暂未看到领先的龙头公司。传统的成品家具公司有很多的不可复制性，因而没有大公司出现，但定制家具行业的兴起实际上对成品家具行业形成了降维打击，过去几年定制家具的市场规模快速扩张，正在逐步挤压替代传统成品家具。定制家具行业天然的优势是以销定产、没有库存压力，同时能够满足客户个性化的需求。目前行业有几个相对较大的参与者和众多规模较小的参与者，都在往全屋定制的方向发展，有些从做橱柜起家，有些从做衣柜起家，还有些起步就做全屋定制。定制行业的准入门槛较低，但规模化壁垒较高。在市场格局暂不清晰时，我们需要思考品牌、渠道、品质、设计、服务、运营效率、供应链管理等众多要素中影响企业做大做强的关键因素。

不同的行业，只要行业集中度达到一定程度，都有产生“月亮”的可能性，也就具备了产生长期优质公司的土壤。但具体行业的特性和格局千变万化，如何定义“天空”才是“数月亮”的关键。

06

经验就像旧衣服

有人喜欢集中持股，不熟不做，只打有把握的仗；有人喜欢分散持股，降低个股风险，而且易于对每只个股保持客观性（集中持股的人容易“爱上”自己的重仓股）。二者各有千秋，无所谓对错。我喜欢在中间找个平衡：足够多，能降低绝大部分的个股风险；同时又足够少，能对每个持仓都进行深入研究。

听邱国鹭谈行业投资

#零售业#

百货自身行业的几个问题：电子商务的分流；商业地产的泛滥削弱了既有商圈优势；有车族购物半径增大，渠道的可替代性增强；人工和租金快速上涨，但是现存畸高的加价倍率导致百货公司在经济低迷时无法转嫁成本。

过去 40 年美国零售业涌现了沃尔玛、家得宝这样涨了几百倍的大牛股，但它们是以价廉物美为卖点、以标准化全国扩张为增长模式、以郊区“Big Box”为经营模式的企业；相反，那些位于市中心核心商圈、高加价倍率的传统百货公司却长期股价低迷，许多之前如日中天的标志性百货企业最终都难逃破产重组的命运。

#电子股#

我对买电子股一贯谨慎的原因是，也许刚刚费了九牛二虎之力成为 iPad2 的供应商，苹果又推出 iPad3。在 iPad2 时最牛的供应商，到了 iPad6、iPad7 时可能就没你什么事了。前浪不断死在沙滩上。

06
经验就像旧衣服

十几年前我第一次对格林布拉特产生深刻印象是由于他的投资业绩，1985—1994 年的 10 年间，他管理的对冲基金的净值翻了 52 倍，就连发生美国股灾的 1987 年和经济衰退的 1990 年，他都取得了 28% 以上的正回报，其他年份就更不用说了——10 年平均年化收益率 50%。

格林布拉特认为，选股有两个最好的指标，一个是资本回报率，另一个是 EV/EBIT（EV 是指企业价值，Enterprise Value 的缩写，等于股票市值和长期净负债之和；EBIT 即息税前利润）。芒格却认为，EBITDA（Earnings before Interest, Taxes, Deprecation and Amortization，未计利息、税收、折旧及摊销前的利润）意味着不计所有成本之前的利润，简直毫无意义。芒格作为巴菲特的合伙人，其投资造诣人尽皆知；而格林布拉特的长期投资业绩也丝毫不逊色于巴菲特。两人各执一词，究竟谁是谁非呢？

芒格之所以对 EBITDA 如此反感，是因为对于一些高估值的股票，华尔街有些人喜欢用企业估值倍数（EV/EBITDA）来使他们推荐的股票显得不那么贵，因为企业估值倍数通常远低于市盈率。

EBITDA的确不能代表企业的真实盈利，但是，不能因为EBITDA没有考虑所有成本就说它毫无意义。就像我们经常做毛利率的分析，毛利本身也是不计各项费用之前的利润，但是不能因此就说毛利率分析毫无意义。

同样的道理，市盈率和企业估值倍数不过是分析工具，关键在于怎么用。市盈率是个万金油，什么行业都可以抹一点。企业估值倍数则适用于制造业和各种周期性行业，因为这些行业的利润波动大，市盈率在亏损或者微利时没有意义，用市净率、市销率则难以及时反映企业的经营状况，此时使用企业估值倍数常有事半功倍之效。

与市盈率不同的是，企业价值在股票市值之外还考虑了企业的长期净负债，所以企业估值倍数对依靠高杠杆提升利润的企业有适度的惩罚（这一点比市盈率强多了）。另外，因为EBITDA不受利息、税收、折旧等的影响，管理层通过改变折旧方式、税率、利息收入等进行盈余管理的空间也较小。人们常说，“利润只是一种意见，而现金流却是一个事实”。其实，企业估值倍数的本质就是一种衡量现金流的指标，如果应用得当的话，不失为基本面分析的利器。EBIT也是如此。

值得一提的是，和其他现金流指标一样，EBITDA对于金融股没有丝毫意义；而对于不怎么负债、没多少折旧的品牌消费品公司而言，企业估值倍数还不如市盈率来得简明直观。所以，喜欢投资消费股和金融股的巴菲特和芒格对企业估值倍数不以为然也在情理之中。

价值投资的原则是放之四海而皆准的，然而，具体到分析方法和分析指标，一定要按照各国国情和各个行业的具体情况因地制宜地变化。比如很多价值投资者爱用的自由现金流指标（巴菲特的“所有者盈余”的概念也与此接近），我在美国使用多年一直得心应手，但是后来在研究韩国、中国香港和A股等亚洲国家和地区的股票时就发现不太好用。

因为在亚洲，制造业的企业多，很多具有先发优势的企业在快速扩张时往往进行大幅资本投入，自由现金流很差，但是其规模优势、成本优势和渠道优势却在扩张中得以快速建立，成长为行业龙头，此时，如果拘泥于自由现金流，反而会错失许多大牛股。美国的情形正相反，其制造业过去几十年都在萎缩，那些进行大幅资本开支的企业后来都血本无归，所以资本开支大、自由现金流差的公司股价表现通常不理想。所以说，原则是不变的，但具体的分析方法和分析指标却必须因为国别、行业的不同而有所差异。

这只是一个小案例。我们研读不同的西方投资家的思想时，常发现貌似彼此矛盾的地方和许多不适用于中国国情的地方。其实，只要认真思考不同投资者投资的国别、行业的不同，以及投资风格、期限、规模等的不同，就会发觉每个成功者在自己特定的投资背景下的投资逻辑都是经得起推敲的。

投资经验就像旧衣服，于己合身的，于人往往并不合适。投资中的任何感悟和总结都有各种局限性，只有自己在市场中摸爬滚打、满身伤痕之后，才能找到适合自己的投资之路。

投资微论

一统天下“高小新”阶段，百舸争流，群雄混战，不必急着下注，不妨等“战国七雄”产生以后再挑赢家，而且要买最强的诸侯，因为最后一定是秦国而不是韩国一统天下。等行业格局清晰后再买龙头，往往风险收益比更佳。腾讯、百度几年前就已是不怎么小也不怎么新的寡头了，但是之后股价又翻了多番。

防火防盗防后浪 小股票的高成长性大多只体现在新兴行业或者技术变化快的行业里。这些行业常处在长江后浪推前浪，前浪死在沙滩上的恶性循环中。即使你想买后浪，难处也很多：后浪太多了，此起彼伏，事前不知道买谁；等你买入某个后浪之后，他又被后浪变成前浪，也死在沙滩上。

扑克与投资

德州扑克

许多投资大师都是德州扑克高手，因为二者有许多相通点：都需要理解概率；都要求在不完全的信息背景下决策；都需要在牌好时下重注，牌差时不下注；都需要风险控制——牌好时不能孤注一掷，牌差时要及时止损；读懂自己，避免恐惧和贪婪；读懂对手，知道谁打得松谁打得紧。

公司的内在价值是由现有业务（盈利、资产、现金流）的价值和未来成长的价值两部分共同组成的，就像德州扑克最后的大小是由手里拿的牌和将要摸的牌组成的。价值投资者赌的是手里拿的牌（现有业务的价值），成长投资者赌的是将要摸的牌（未来成长的价值）。一个是胜而后求战，一个是战而后求胜。

未出的牌能否构成赢张，事前是可以估算概率的，然而懂得估算的人少之又少。人性的弱点对未出的牌往往抱有过于美好的想象，驱使人们去赌未来的小概率事件。同理，投资中能预见未来成长的人少之又少，而为成长过分买单的却大有人在。

数牌

华尔街很多交易员和对冲基金经理爱玩 21 点，他们一般擅长数牌，也就是默记盘面上已出的大牌的数量，并以此来估算接下来各种牌出现的概率。不过在拉斯维加斯数牌是与出老千一样遭严厉禁止的，经常数牌的人会上黑名单，各赌场都不欢迎他们，因为这是不公平的优势。

赌场也是与时俱进的，现在的 21 点经常用多副牌，打了其中的一小部分之后就重新洗牌，再想和以前那样靠数牌为生已经不大可能了。在股市中，“数牌”从来都不受禁止，只是会数的人不多。

数牌的原理很简单，一副牌中，大牌的数量是一定的，前面出多了，后面出的就少了。在股市中，这本质上就是“均值回归”的思路。盛极而衰，衰极而盛，股市的板块轮动其实也可从估值周期、盈利周期、政策周期和经济周期等多个方面进行“数牌”。所谓周期，就是周而复始、有规律可循、有牌可数的。

只是股市的牌比较难数，经常是几十幅牌混在一起，动不动就重新洗牌，而且许多牌还不那么规范。不过有一条捷径：可以数人，数人比数牌更简单、更有效。

数人的原理比数牌更简单：当大家都集中在某些板块抱团取暖时，这个板块的上升空间也就很有限了；当大家都对某些板块避之唯恐不及时，这个板块也就跌得差不多了。股市就像玩跷跷板，你想比大多数人站得高，诀窍是站在人少的那一边。

投资眼光

你有四个选择：便宜的好公司；昂贵的好公司；便宜的烂公司；昂贵的烂公司。央视《寻宝》节目中，几万元几十万元买的也有赝品，几百元几千元淘的也有真品，贵的不一定好，便宜的不一定差，关键是看眼光。如果你有眼光，市场上有的是便宜的好公司让你捡漏；如果你没有眼光，你买的那些“昂贵的好公司”其实很可能是“昂贵的烂公司”。

爱买高估值股票的人，潜意识里有好货不便宜的念头，认为在有效的市场中，投资者只能在昂贵的好公司和便宜的烂公司之间选择。其实，A股中短线投机、跟风炒作、追涨杀跌的人基本不看估值和基本面，所以估值高低和公司好坏关系不大，因此便宜的好公司和昂贵的烂公司常有，捡漏的机会多，“打眼”的风险也大。

A股投机客多，又不能卖空，再加上昂贵的烂公司的机构持仓少、流通盘子小，常为游资炒作标的，时有爆发式的短线行情，吸引想赚快钱的散户跟风买昂贵的烂公司。其实，昂贵的烂公司本身的长期回报很差，爆发式上涨的另一面就是断崖式跳水或长期阴跌，散户很难在这种负和游戏中占便宜，还不如老老实实买便宜的好公司。

如果你对自己的眼光有把握的话，昂贵的好公司里面确实有些大牛股能够通过未来的高速成长消化高估值，但是有这种眼光的人凤毛麟角。如果你不是那么有把握的话，买便宜的好公司的安全边际在于即使错了也是便宜的烂公司，好歹有点估值支撑；而买昂贵的好公司如果错了，就是昂贵的烂公司，可能血本无归。

很多人认为，好货不便宜，便宜没好货，所谓便宜的好公司在现实中是可遇而不可求的。**其实，在市场的底部区域，便宜的好公司俯拾皆是，只可惜此时往往有钱的没胆了，有胆的没钱了。**

股票式债券

债券投资者对债市波动往往能有逆向思维，而股票投资者对股市波动却总是追涨杀跌。造成这一差别的原因表面上是债券有固定的息票和到期日而股票没有，实质上却是许多股票投资者不太成熟，对股票投资的本质缺乏认识，所以华尔街有句老话：股票是小孩子玩的，债券才是大人们玩的。

债券下跌后，人们看到的往往是机会，因为人们会注意到债券的未来到期收益率已经因为价格的下跌而上升了；股票下跌后，人们看到的却只是风险，因为股票没有固定的息票和到期日。其实，股票和债券一样，价格大幅下跌后，未来预期收益率就上升；价格大幅上涨后，未来预期收益率就下降。

早在 1977 年巴菲特就说过，股票不过是穿着股票外衣来参加华尔街化装舞会的、长期资本回报率为 12% 的债券。想清楚了这一点，对股市进行逆向思维也就容易了。

THE SIMPLE THINGS IN INVESTMENT

第三部分 投资风险

不为不可成，不求不可得，不处不可久，不行不可复。

管子

▶07

价值陷阱与成长陷阱

中国基建投资占 GDP 的比例为世界发展史上最高的，为何每到上下班高峰就寸步难行、每到春运就一票难求、每到节假日高速公路就变停车场？这是个增量和存量的问题。从增量的角度看，我们的基建增速之高古今中外少见；但从存量的角度上讲，我们的人均基础设施存量与发达国家还相去甚远，人均固定资本存量仅为美国、日本的 1/7。

听邱国鹭谈行业投资

#政府扶持的产业#

在政府对新兴行业的大力扶持下，光伏产业曾经的中国首富宣告企业破产。其实，创新从来不是政府管出来的，有些事就该交给市场，最好的管理是不管，最好的产业政策是没有。在食品安全、药品质量、环境污染等方面有很多问题尚待解决，是政府该转变职能的时候了。

#政府补贴的产业#

2010 年许多人喜欢炒区域或行业政策，其实相关板块的超额收益并不持久。研究一下过去 5 年涨幅 10 倍以上的个股，港股、美股的中国互联网公司自不必说，看看工程机械、白色家电、地产、食品饮料等行业的龙头里出的 10 倍股，即可知好企业是市场里竞争出来的，不是政府补贴出来的。

#选马，还是选骑师#

二者各有道理。一个简单的原则是：对小公司来讲，骑师更重要一些；对大公司来讲，“马”本身的质量更起决定性作用。在 A 股上市公司中，好马屈指可数，好骑师凤毛麟角，所以我更倾向于选赛道——那些别人想进却进不去的赛道、那些一马平川没有绊马索的赛道、那些领跑者有先发优势的赛道。

价值陷阱

价值投资最需要的是坚守，最害怕的是坚守了不该坚守的。金融危机时花旗从 55 元跌至 1 元的过程就深度套牢了无数盲目坚守的投资者。关键是要避开价值陷阱。所谓价值陷阱，指的是那些再便宜也不该买的股票，因为其持续恶化的基本面会使股票越跌越贵而不是越跌越便宜。

有几类股票容易是价值陷阱。

第一类是被技术进步淘汰的。这类股票未来利润很可能逐年走低甚至消失，即使市盈率再低也要警惕。例如数码相机发明之后，主业是胶卷的柯达的股价从 1997 年高点的 90 多元一路跌到 2013 年不到 1 毛钱后退市，这就是标准的价值陷阱。即便诺基亚的按键机做得非常好，等触摸屏手机发展起来，按键机就该退出历史舞台了。早期黑莓手机（Blackberry）在华尔街不只是人手一个，而是人手两个，但是技术进步后依然被淘汰。所以价值投资者一般对技术变化快的行业特别谨慎。

第二类是赢家通吃行业里的小公司。所谓赢家通吃，顾名思义就是行业老大老二抢了老五老六的饭碗。在赢家通吃的行业里，小公司一文不值。比如，搜索行业具备赢家通吃的属性，谷歌价值很高，雅虎扣掉阿里巴巴后甚至是负价值，之前在1999年、2000年涌现的一堆搜索引擎，如Ask Jeeves、Lycos、Excite@Home等最后都没有成长起来。但是，内容产业就不是赢家通吃的属性，例如腾讯和网易共占据约80%的游戏市场份额，但其他公司如果研发出一款畅销的游戏，依然可以很好地存活。餐馆从某种意义上也属于内容产业，因为每个人吃的食物不一样，不可能全世界的人天天都吃麦当劳。

在全球化和互联网的时代，很多行业的集中度提高是大势所趋，行业龙头在品牌、渠道、客户黏度、成本等方面的优势只会越来越明显，这时，业内的小股票即使再便宜也可能是价值陷阱。2012年、2013年市场爆炒小股票，认为小公司的增速天然比大公司更快，理由是大公司的基数高。其实这在大多数行业里都是违反规律的，因为大多数行业的集中度是越来越高的。集中度越来越高说明行业里的龙头企业比其他企业增长更快，不然就是越来越分散。

我经常问研究员的一句话是“这个公司是越大越强，还是越大越难”。赢家通吃的行业都是越大越强的，如果是越大越强的行业，行业里前两名以外的公司的价值就不大了。

第三类是分散的、重资产的夕阳行业。夕阳行业，意味着行业需求不再增长。这类行业里有很多便宜的公司，但当行业需求不再增长时，分散的格局导致价格竞争激烈，重资产经营使得产能无法完全退出，这类企业的盈利能力非常差。这里限定了夕阳行业的定语是“分散的”“重资产的”，重资产，意味着需求不增长的情况下产能无法退出（如果退出，投入的资产就会作废）；分散，意味着供过于求时行业可能无序竞争甚至价格战。因此，这类股票的便宜是假象，因为其利润可能将每况愈下。还有一些夕阳行业里存在着不错的企业，那些集中的、轻资产的夕阳行业里可能会出现垄断性的大企业，那也是值得投资的。

第四类是景气顶点的周期股。在经济扩张晚期，低市盈率的周期股也常是价值陷阱，因为此时的顶峰利润是不可持续的。对周期股价值的评估可以借助两个概念，一个是常态化的盈利（Normalized Earnings），计算剔除了经济周期波动后的企业盈利；另一个是盈利能力（Earnings Power），而不是某一时间的盈利数额，评估企业内在的可持续的盈利水平。

周期股不只是钢铁、水泥等，其实成长股也是有内在的周期性的，只是成长很快的时候它的成长性掩盖了周期性。一条很长的直线，如果斜率很大，小的波动看起来就不影响大的增长趋势。就像中国过去 40 多年的经济，内在的增速为 9 ~ 10 个点，很多人感觉不到经济增速的阶段性放缓。如果内在的增速降到 3 ~ 4 个点，一旦波动起来可能出现零增长甚至负增长，所以成长性经常掩盖周期性。

第五类是有会计欺诈的公司。国外的会计欺诈通常能够从报表中发现蛛丝马迹，因为会计是复式的，如果某一处虚增了利润可能另一处就少了现金流，要么高估了应收账款价值，要么高估了存货价值。而国内有一些造假是赤裸裸的造假，可能报表显示银行存款 300 亿元，但其实一分钱都没有，这种通过会计报表无法看出问题，已经不是简单的报表造假问题了。但是这类陷阱并不是价值股所特有的，成长股中的欺诈行为更为普遍。

最后一类是人不行、捧着“金饭碗”讨饭的公司。“人不行”是广义的，对大公司来讲可能是组织不行、缺乏战斗力。公司已经拥有很好的护城河，但管理者却不断地吃老本。投资者经常被好资产、高利润、低估值吸引，但最后踩坑，发现问题大都是人不行。

投资微论

金玉之堂，莫之能守 《道德经》中的这句话，不妨当作对低门槛行业的所谓成长股的警示。低门槛行业的护城河窄而浅，城内如果满是金银财宝（高增长、高利润），只能有一个结果：各路人马都会攻入城中。因此，高增长必须有高门槛（品牌、渠道、规模、资源、资质、核心技术）为后盾，否则容易引来恶性竞争。

成长陷阱

许多人认为，买股票就是买未来，因此成长是硬道理，要买就买成长股。的确，最牛的股票一般都是成长股；然而，最熊的股票往往也是“成长股”。许多国家的股票市场（包括 A 股市场）的历史数据表明，高估值成长股的平均回报远不及低估值价值股，原因就在于成长陷阱比价值陷阱更常见。

成功的成长投资需要能预测新技术走向的专业知识，能预判新企业成败的商业眼光，以及能预知未来行业格局的远见卓识。没有多年摸爬滚打的细分子行业研究经验和强大的专业团队支持，投资者很容易陷入下面的各种成长陷阱。

估值过高 最常见的成长陷阱是估值过高——高估值的背后是高预期。对未来预期过高是人之本性，然而期望越高，失望越大。统计表明，高估值股票业绩不达预期的比例远高于低估值股票。一旦成长预期不能实现，估值和盈利预期的双杀往往十分惨烈。应用材料公司（AMAT）是 20 世纪 90 年代的大牛股，2019 年的股价比纳斯达克泡沫破灭时的股价没高多少，而它在半导体行业依然是世界最大的龙头。它的主要问题是所处行业的周期性很强，当时估值过高，几乎是周期的顶点。

技术路径踏空 成长股经常处于新兴行业中，而这些行业（例如太阳能、汽车电池、手机支付等）常有不同技术路径之争。即使是业内专家，也很难事先预见哪一种标准会最终胜出。这种技术路径之争往往是你死我活、赢家通吃的，一旦落败，之前的投入也许就全打了水漂，这是最残酷的成长陷阱。

2010 年我们曾研究过移动支付，当时觉得移动支付是未来的方向，把研究重点落在近场通信（NFC）采用何种技术，于是请了大量专家、花了大量时间来讨论技术如何实现。后来移动支付并没有用 NFC，这是很典型的技术路径踏空。有时候，技术路径就连行业专家也很难准确把握，都是边走边看。

无利润增长 上一轮互联网泡沫中，无利润增长大行其道，新品牌纷纷以烧钱、送钱为手段来博得关注。如果是客户黏度和转换成本高的行业（例如社交网络），在发展初期通过牺牲利润实现赢家通吃，则为高明战略；如果是客户黏度和转换成本低的行业，让利带来的无利润增长往往不可持续。例如，O2O是很典型的烧钱模式，烧的过程中却无法产生客户黏性，烧不出竞争力，没有看到明显的网络效应和规模效应。

成长性破产 即使是有利可图的业务，快速扩张时在固定资产、人员、存货、广告等多方面也需要大量现金投入，因此现金流往往为负。增长得越快，现金流的窟窿就越大，极端情况导致资金链断裂，引发成长性破产，例如拿地过多的地产商和开店过快的直营连锁店（特别是未上市的）。以直营连锁店生意为例，每一家小店开店12 ~ 18个月后就能够收回投资，从单店的回报看是很好的生意；但是整个企业在扩张过程中如果开店太快就可能出现资金链断裂，从而发生成长性破产。

盲目多元化 有些成长股为了达到资本市场预期的高增长率，什么赚钱做什么，随意进入新领域，陷入盲目多元化的陷阱，因此成长投资要警惕主业不清晰、为了短期业绩偏离长期目标的公司。中国的上市公司很喜欢多元化发展，海外也有一些大企业多元化扩张失败又回归主业经营的例子。例如，麦当劳曾经尝试过酒店业，可口可乐曾经尝试过养虾业，它们都亲身经历了多元化经营带来的“坑”。当然，互补多元化（例如长江实业、和记黄埔）和相关多元化（横向完善产品线和纵向整合产业链）的公司另当别论。

树大招风 要区别两种行业，一种是有门槛、有先发优势的行业，成功引发更大的成功；另一种是没门槛、后浪总把前浪打死在沙滩上的行业，成功招致更多的竞争。在后一种行业中，成长企业失败的原因往往就是太成功了，树大招风，招来太多竞争，蜂拥而至的新进入者使创新者刚开始享受成功就必须面对无尽的跟风和山寨品。例如团购行业，由于其门槛低，稍有一两家成功，一年内中国就有3 000多家团购网站出现，谁也赚不到钱。即使是有门槛的行业，一旦动了行业老大的奶酪引来反击，一样死无葬身之地，例如网景浏览器（Netscape）的巨大成功引来微软的反击，最后下场凄凉。追随者挑战巨头的时候要小心，不要太早显露目的，以免遭到巨头的封杀和围剿。

新产品风险 成长股要成长，就必须不断推陈出新，然而新产品的投入成本是巨大的，相应的风险是巨大的，收益却是不确定的。强大如可口可乐，也在推新品上栽过大跟头。稳健的消费股尚且如此，科技股和医药股在新产品上吃的苦头更是不胜枚举。科技股的悲哀是费了九牛二虎之力开发出来的新产品常常不被市场认可，医药股的悲哀则是新药的开发周期无比漫长、投入巨大而最后的成败即使是业内专家也难以事先预知。

寄生式增长 有些小企业的快速增长靠的是“傍大款”，例如苹果产业链上的很多零部件公司，随着苹果手机销量高速增长，当年A股很多电子大牛股相继诞生，但最终因缺乏自身的核心竞争力和议价权，无法保证持续获得新订单，业绩面临波动和下滑的压力。其实，寄生式增长往往不具有持续性，因为其命脉掌握在“大款”手中，企业自身缺乏核心竞争力和议价权。但有些核心零部件生产商在自己的领域内达到寡头垄断地位，让下游非买不可，提高自己产品的转换成本让下游难以替换，或者成为终端产品的“卖点”（如英特尔），这些事实上已经具备核心竞争力和议价权、成为“大款”的另当别论。

强弩之末 许多所谓的成长股其实已经过了成长的黄金时期，却依然享有高估值，因为人们往往犯了过度外推的错误，误以为过去的高成长在未来仍可持续。一些前期高速增长的公司估值下降后投资者以为此时购入很便宜，但是此时其基本面的增速放缓还未体现，所以后续又会出现估值被动提升的现象。那时的低估值只是比前期的高估值低了一些，但如果和未来相比，低估值可能已是强弩之末，因为成长周期的顶点已过，后续很可能是过山车式的继续向下的过程。因此，买成长股时，对行业成长空间把握不当、对渗透率和饱和率跟踪不紧就容易陷入成长陷阱而支付过高估值。

会计造假 价值股也有这个陷阱，但是成长股中这个问题更普遍。一个是市场期望 50% 增长的成长股，另一个是市场期望 10% 增长的价值股，哪个更难做到？做不到时，为避免戴维斯双杀，50 倍市盈率的成长股和 10 倍市盈率的价值股，哪一个更有动力去“动用一切手段”来达到市场的预期？另一方面，成长股的很多业务无法清晰地拆分计算，因而相对更容易造假。价值股通常是比较成熟的行业，虚增业务利润容易被拆穿。

各类价值陷阱的共性是利润的不可持续性，各类成长陷阱的共性是成长的不可持续性。成长是个好东西，好东西人人想要，想要的人太多了，就把价格抬高了，而人性又总把未来想象得太美，预期太高，再好的东西被过度拔高后也容易失望，失望之后就变成陷阱了。成长本身并不是陷阱，但人性的弱点中对未来成长习惯性地过高预期和过高估值却是不折不扣的陷阱。

投资微论

成长的持续性 管子说："不为不可成，不求不可得，不处不可久，不行不可复。"投资者总是过于关注成长的暴发性而忽视成长的可持续性。其实暴发性成长本质上具有不可预知性和不可重复性，就像彩票一样，总有人中，但一定不是你。投资，宁要有门槛的低增长，不要没门槛的高增长，因为前者可持续，而后者难维系。

估值 常有人说，便宜没好货，好货不便宜，便宜的好公司难找。其实，你只要看看那些在品牌、渠道上占尽优势的龙头白马股的低估值，再看看那些主业毫无竞争力的概念股的高估值就会发现，A 股中股票估值的高低与公司品质的好坏关系不大，确实有许多便宜的好货和昂贵的赝品并存。

"黄金坑"还是"融化中的冰棒"

全中国号称要做价值投资的人非常多，最后做成功的人非常少。大多数没成功的人主要是因为什么原因呢？主要是掉到了价值陷阱里。有很多股票看上去很便宜，你认为是一个"黄金坑"，后来发现"坑"是有的，但"黄金"没看到。

公司是否便宜相对而言比较好判断，看到很便宜的股票，怎么区分它是黄金坑还是价值陷阱？这是我们要探讨的问题。便宜通常是有原因的，可能它就应该这么便宜，而且可能在未来会变得越来越便宜。这有点像一根正在融化的冰棒，你拿在手中它就不断地融化。

下跌的原因有很多种，有的是估值缩水，有的是基本面出现问题，有的是逻辑被破坏。价值陷阱大部分的问题主要出现在内在逻辑被破坏，这样整个公司的护城河、核心竞争力逐步丧失，整个公司要么被时代淘汰，要么被对手打败，这种大多数是价值陷阱。如果是因为业绩短期内出现问题而下跌，那么等业绩修复以后价格还会重新恢复。如果是估值太高而下跌，有可能这个公司本来就只能支撑 20 倍估值，却被炒作到 50 倍的估值，从 50 倍降到 20 倍的过程，其实是估值回归合理水平的过程，那么这种估值的下降是永久性的。

我们需要理解什么是永久性的下跌，什么是暂时性的调整。如果是暂时性因素导致的便宜，这只股票很可能是“黄金坑”；如果是永久性原因导致的便宜，这只股票很可能是价值陷阱。所以，我们要反复确认是不是永久性原因导致的便宜，以免掉进价值陷阱。任何股票的下跌或者任何股票的便宜都是有原因的，比如银行长期处于低估值的状态，因为大家总觉得银行有坏账，或者是长期面临金融脱媒的压力，企业未来可能不需要通过银行间接融资，可以在债券市场直接融资。了解市场的担忧点之后就能找到相应的解决方案，比如选择资产负债表最强、坏账趋势正在改善的银行。如果找到了每一个公司便宜的原因，就能判断相应的股票是价值陷阱还是“黄金坑”。

我们可能面临一个问题，花 5 毛钱的价格买了价值 1 元钱的东西，买完之后它的价格进一步跌至 4 毛甚至 3 毛，这个时候我们就需要判断究竟是决策错误，还是市场只是从低估变成进一步低估。

价值投资有一定的风险，即使前面做对了 10 次，只要最后一次被套进去就很可能血本无归。趋势投资是可以不断止损的，每一次错误最大的损失是有限的。所以，从这个意义上看，价值投资的风险比趋势投资更大。因为价值投资缺乏自我纠错的功能，所以实践者必须是强者思维，而不是弱者思维。弱者思维的思路是当市场跌下来时要尊重市场，例如跌幅超过 15% 就减仓，不管市场下跌是出于什么原因。相反，价值投资者需要判断是市场错了，还是自己错了，需要做的是止错而非止损，这是两者之间的区别。

有时候拉长投资周期看，价值投资者的决策是正确的，但可能市场阶段性选择的方向与价值投资者选择的方向是相反的。如果没有原则和信念，过程中很可能无法坚持。所以，我们需要不断地总结经验，逐渐明白市场短期波动与投资逻辑错误之间的区别，才不会错误地坚持了不该坚持的方向，离真理越来越远。

08

真假风险与安全边际

股市如围城，城内的人在往外逃，城外的人在往里冲。有人辞官归故里，有人漏夜赶科场。过两年回头看，就会明白那句老话：股市永远是有钱的人获得更多经验，有经验的人获得更多钱的地方。

听邱国鹭谈行业投资

#品牌vs渠道#

我近日在研究某消费品股票时，比较了两家公司，一家在品牌上有优势，另一家在渠道上有优势（三四线城市布点多）。在互联网时代，品牌的优势比渠道的优势更重要。因为随着网购的物流配送体系的完善，渠道的优势会渐渐淡化；而随着媒体受众的碎片化，塑造一个品牌的成本已大幅上升。

#看历届标王有感#

砸钱只能砸出知名度，砸不出美誉度。品牌的形成需要时间积累，所谓三代出一贵族。广告越来越贵，但效果越来越差。新塑品牌越来越难，所以既有品牌越来越值钱。消费电子产品技术变化快，广告砸钱性价比差，砸了一堆钱后刚有知名度，产品更新换代了，又得重新砸钱。

真假风险

人们常说高风险高回报，低风险低回报。其实，风险和回报常常不成正比。投资不可能不承担风险，成功的投资就是要承担那些已经暴露的、大家都感受到的、有相应风险折价但是真实危险性却很小的“假”风险。

1. 感受到的风险和真实的风险

风险有两种，一种是感受到的风险，另一种是真实的风险。股票暴涨后，真实的风险上升，感受到的风险却在下降，在 6 000 点股市最危险的时候大家感受到的都是歌舞升平；股票暴跌后，真实的风险下降，感受到的风险上升，在 2 000 点股市相对低谷时人们感受到的却都是凄风苦雨。

乘飞机与乘汽车相比，相同的距离乘汽车的死亡率是乘飞机的 60 多倍，但是有飞行恐惧症的人很多而害怕乘汽车的人却很少。乘飞机感受到的风险大，但是真实风险小（出事的概率只有六百万分之一），所以卖航空保险是一门很好的生意。

2. 暴露的风险和隐藏的风险

从另一个角度看，风险可以分为暴露的风险和隐藏的风险。我们要承担暴露的风险，因为人们已经对其避之唯恐不及，危险性已经反映在价格里了，承担这样的风险会有相应的高回报。此外，我们还要避开隐藏的风险，因为人们还没有意识到它的存在，承担这样的风险没有相应回报。

“9・11”事件发生后人们都不敢坐飞机了，其实2001年9月12日与2001年9月10日相比，暴露的风险大了但是隐藏的风险小了——之后的10年是美国航空史上最安全的10年。“9・11”之后数月，许多人以驾车代替乘飞机，高速公路车祸中的死亡人数比往年增加了1 500人。

能否区分真假风险往往也体现了一家机构的文化和水平。1987年10月，美国股市一天狂泻23%，高盛的风险套利部门损失惨重，罗伯特・鲁宾（Robert Rubin）微笑着对团队说：“公司对你们充满信心，如果你们想加仓的话，就去做吧。”形成鲜明对比的是，其竞争对手所罗门美邦（Salomon Smith Barney）在黑色星期一之后解雇了套利部门的所有员工。

其实，黑色星期一之后暴露的风险很大，但是隐藏的风险不大；感受到的风险很大，但是真实的风险不大。能区分并利用这两种风险的不同，是成功投资的必要条件。

3. 价格波动的风险和本金永久性丧失的风险

再换个角度看，风险还可分为价格波动的风险和本金永久性丧失的风险。当市场在5 000多点时，股价“天天向上”，风平浪静，价格波动的风险貌似不大，但本金永久性丧失的风险却十分巨大；当市场在2 000点时，股价“跌跌不休”，波涛汹涌，价格波动的风险好像很大，但本金永久性丧失的风险却已急剧缩小。美国的 VIX 指数衡量的就是市场的波动性，每次市场触底伴随着的都是 VIX 的高点，也就是市场波动性最大的时候。为什么人们常常会在底部斩仓呢？这是因为市场底部往往也是市场波动最剧烈的时候，大多数投资者承担股价波动风险的能力是很弱的，并且常常在市场底部把波动性风险混同为本金永久性丧失的风险。

有个故事说一个失恋的人找到一个老和尚，他说师父啊，这件事情我怎么都放不下，老和尚就让他拿着一只茶杯，给他倒热水，水满了烫到他的手，他就把杯子放了下来，老和尚说，这件事情就跟这杯茶是一样的，痛了就放下了。很多人做股票也是一样的，涨了，爽了，就满仓；跌了，痛了，就清仓。低点低仓位、高点高仓位就是这么来的。其实，对于逆向投资者来说，最痛的时候，往往是最不该放手的时候。正如索罗斯所说，如果你承受不了失败的痛苦，就不要入市，因为没有人能够百战百胜。

然而，对于管理他人资产的职业投资者来说，市场波动的风险却是实实在在的风险，并且在客户赎回或者风控强制止损时，就会转化为本金永久性丧失的风险。所以，对于每一个基金经理来说，成功的前提是管理适合其投资风格的产品以及找到适合其投资风格的客户群。

投资微论

两种风险　一是股价短期波动的风险，二是本金永久性丧失的风险。股价下跌的过程中，第一种风险在加大，第二种风险在减小。很多人只看到第一种风险，于是追涨杀跌，往往在最低点把股票清仓，其实第二种风险才是真正的风险。低估值的好公司，即使短期波动在所难免，本金永久性丧失的风险也很小。

安全边际

管理投资风险的一个重要方法，就是寻找有安全边际的公司。有安全边际的公司通常具有以下几个特点。

1. 东方不亮西方亮，给点阳光就灿烂

有个段子说做豆腐最安全：做硬了是豆腐干，做稀了是豆腐脑，做薄了是豆腐皮，做没了是豆浆，放臭了是臭豆腐。在未来的多种情景中，只要实现一种就能赚钱，东方不亮西方亮，这就是安全边际。对未来要求太高的股票是没有安全边际的，正如《美国士兵守则》所说，必须组合使用的武器一般都不会被一起运来。2010 年买工程机械股时，我心里想着：机械替代人工、保障房、城镇化、产业升级、产业转移、产能扩张、中西部大开发、进口替代、国际化、“走出去”战略，哪一条能实现对工程机械都是利好，这就是东方不亮西方亮的安全边际。

2. 估值低到足以反映大多数可能的坏情况

低估值是安全边际的重要来源。未来总是不确定的，希望越高，失望越大。低估值本身反映的就是对未来的低预期。只要估值低到足以反映大多数可能的坏情况，未来低于预期的可能性就很小了。很多人说，高风险高回报，低风险低回报。其实，低估值带来的安全边际是获得低风险高回报的最佳路径。价值 1 块钱的公司，5 毛钱买入，即使后来发现主观上对公司的估值出了 30% 偏差，或者客观上公司出了意外导致价值受损 30%，两种情况下该公司仍值 7 毛钱，投资者仍不吃亏，这就是低估值带来的安全边际。

3. 有“冗余设计”，有“备用系统”来限制下跌空间

安全边际好比工程施工中的“冗余设计”，平日看似冗余，灾难时才发现不可或缺，例如核电站仅有备用发电系统是不够的，最好还能有备用的备用。现实生活中百年一遇的灾害可能10年发生一次，股市更是如此。铤而走险虽然能在许多时候增加收益，但是某天你会发现“出来混，迟早是要还的”。零乘以任何数都是零，所以特别要警惕毁灭性风险。垃圾股如果没有更大的傻瓜接下“接力棒”,股价是没有“备用系统”支撑的。博傻游戏玩久了，骗子越来越多，傻瓜就不够用了，还不如在低估值和基本面的双重保险中寻找安全边际。

4. 价值易估，不具反身性，可越跌越买

有安全边际的公司通常业务简单，价值易估，不具有反身性。索罗斯所说的反身性是指股价下跌本身对公司基本面有负面作用，易形成自我强化的恶性循环。例如贝尔斯登股价跳水会导致交易对手“挤兑”，有反身性，故不能越跌越买；可口可乐股价跳水丝毫不影响它卖饮料，无反身性，故可越跌越买。

投资微论

鼻莫如大，目莫如小　韩非子说，雕刻的原则是鼻子不如先做大一些，眼睛不如先做小一些，因为“鼻大可小，小不可大也；目小可大，大不可小也”。凡事要留有余地，做投资也一样，因为市场总是天有不测风云。没有足够的安全边际时，别抱着侥幸心理孤注一掷。没有把握时，不妨均衡配置，先处不败，而后求胜。

止损

保罗·琼斯（Paul Jones）是我最尊敬的对冲基金经理之一，他的座右铭是“失败者才在亏损股上越跌越买、摊低成本”。对于趋势投资者而言，止损不止赢是短线交易的第一法则，自不必多说。那么，对于价值投资者而言，应该如何对待亏损股呢？止损，死扛，还是越跌越买？

要回答这个问题，我们先回顾一下卖股票的三个理由：基本面恶化；价格达到目标价；有更好的其他投资。换句话说，价值投资买的就是便宜的好公司，所以卖出的原因就是：公司没有想象的好；不再便宜；还有其他更好更便宜的公司。这三个理由均与是否亏损无关。

许多人潜意识中把买入成本当作决策依据之一，产生了常见的两种极端行为：一种是成本线上，一有风吹草动就锁定收益；成本线下，打死也不卖。另一种是成本线上无比激进，因为赚来的钱赔了不心疼；成本线下无比保守，因为本钱亏一分也肉痛。这两种极端都是人性中的“心理账户”在作祟。

忘掉你的成本，是成功投资的第一步。全市场除了你之外，没有人知道或关心你的买入成本，因此你的成本高低、是否亏损对股票的未来走势没有丝毫影响。保罗·琼斯在判断哪些股票是失败者的时候，并不是从自己的成本，而是股价的近期高点起算的——那才是人人都看得见的参照点。

忘掉成本，也就不存在亏损股和盈利股的区别，也就不会总希望在哪里跌倒就在哪里爬起来。许多人在某只股票上亏了钱，总想从这只股票上赚回来，结果是在哪里跌倒就在哪里趴着，反而错过了很多其他机会。投资就是个不断比较不同股票的过程，与成本无关。

熊市末期，价格显著低于价值，常常吸引价值投资者买在底部的左侧，这时候止损就容易倒在黎明前的黑暗里。然而，不止损就有潜在的毁灭性风险的问题，不可不慎。所以，不止损是有很严格的前提条件的：必须避开各种价值陷阱；所买的股票有足够安全边际；所承担的只是价格波动的风险而非本金永久性丧失的风险。上一章和本章其实就是试图回答这样一个问题：什么条件下可以死扛，什么条件下必须止损。对投资者而言，这是个生死攸关的问题。比尔·米勒（Bill Miller）在辉煌了15年之后晚节不保，在第16年把前15年的超额收益悉数退还给市场的前车之鉴，值得每个投资者深思。

投资微论

收缩战线　市场调整时，我习惯的应对方法是花更多时间把组合里的个股梳理一遍，多读几篇报告，多想几个问题，多和研究员讨论，多和管理层沟通，然后减少持股个数，把筹码集中到那些核心优势最强、估值最低、自己研究最透、敢越跌越买的10~15只股票中。拳头缩回来是为了更好地打出去。

食品安全的资产组合理论　我们公司的食品饮料研究员从业多年，曾是新财富最佳分析师前三名。关于食品安全，他有一个简单易行的对策："什么都吃，什么都不多吃。"此举可以保证任何食品的安全出问题时都不至于受到太大伤害。这有点像资产组合对个股风险的分散，因此我戏称其为"食品安全的资产组合理论"。

09

价值投资的局限性

格雷厄姆投资时特别强调低估值，有人批评这种做法是“捡烟屁股”，不过考虑到他所处的大萧条时代就不难理解这一选择。当大多数人买不起面包时，品牌、成长性、定价权只能是空话。当时很多股票的市值低于其流动资产减去负债，这种背景下强调买绝对便宜的股票是正理。每个成功者的投资理念都带有一定的时代烙印。

听邱国鹭谈行业投资

#骑马找马#

2013 年白马股受冷遇，黑马股受追捧，二者的估值差已近 10 年高点。其实，白马股在品牌、渠道、成本和管理等方面的竞争力远优于黑马股。放着低价白马股不买，偏买高价黑马股，梦想黑马能成长为下一个白马，这岂不是骑驴找驴，骑马找马？

#一月风向标#

在 A 股过去的 20 多年中，有 81% 的时间股市全年走势与 1 月份的走势在涨跌方向上是一致的，准确率胜过所有的策略分析师和经济学家。无独有偶，美国过去 60 多年中，“一月晴雨表”的正确率也是 80%，所以华尔街有个谚语叫“一月定全年”。中国股市自成立至 2014 年，有 11 年的 1 月份是上涨的，其中，有 9 年出现了全年股市上涨，例如 2006、2007 和 2009 年的 1 月份都是上涨的。相对照的是，在 1 月份下跌的 10 年中，有 8 年全年股市下跌，例如 2008、2010 和 2011 年。

09
价值投资的局限性

很多人认为价值投资是放之四海而皆准的投资方法，应该在任何情况下都无条件地坚持。**事实上，价值投资有其特定的适用范围和条件，清楚地认识到价值投资的局限性是成功投资的必经之路。**

简单地说，价值投资就是当股票价格低于公司内在价值时买入，当股票价格高于内在价值时卖出。**因此，价值投资的第一个基本条件：所买的公司的内在价值应该是相对容易确定的。**为什么巴菲特只买商业模式简单并且跟人们日常生活息息相关的公司？道理很简单，这些公司的未来盈利增长非常稳定，因而其内在价值很容易被确定。

巴菲特最成功的投资大多在日常消费品领域，例如可口可乐、宝洁、吉列刀片和绿箭口香糖。如果把这些公司的历史盈利状况以图表示，几乎就是一条斜向上的直线。相反，有很多行业，其未来的现金流几乎可以说是不可预测的，因此很难对公司的内在价值进行有意义的估测。这种情况下，趋势投资往往更为合适。例如，在有色行业中，矿山的储量也许可以估计，但是这些储量未来几十年什么时候能挖出、挖出后以什么价格售出，几乎是不可预测的，因此市场上有色股的走势常常是顺着其对应的金属价格的趋势而动，与其内在价值关联不大。

大多数的外汇交易员也都是趋势投资者，因为界定一种货币的内在价值几乎是不可能的事。值得一提的是，在多数新兴行业和新兴市场国家，股票的价格很大程度上体现的是未来的增长，因此很难界定其内在价值，一个极端的例子是21世纪初的互联网行业。纵观今天的A股，很多行业、公司存在同样的问题，因此奉行价值投资不宜生搬硬套。

价值投资的第二个基本条件：所投资的公司的内在价值应该相对独立于股票价格。看看巴菲特投资的可口可乐、宝洁等公司，这些公司无论股票价格怎么跌，都不会影响到公司业务的正常开展。相反，有些公司一旦股价跳水，直接影响到公司业务的开展，例如贝尔斯登和雷曼，一旦股价跌幅超过一定程度，大批的对冲基金停止与其交易，并提出提款要求（实际上就是挤兑）。这种情况下，公司的内在价值可以在一夜之间蒸发殆尽，再坚持越跌越买是非常危险的。

索罗斯一再强调的反身性本质上就是价格对价值的这种反作用力。在一定条件下，这种反身性会自我加强，导致恶性循环，因而股价的表现会大大出乎价值投资者的意料。美国很多杰出的价值投资者在2008年血本无归，就是没有认识到反身性的力量。A股中也有一些公司的内在价值依赖股票价格，最典型的是德隆系靠高价格的股票获取抵押贷款来进行外延式扩张，一旦股价崩盘，公司就灰飞烟灭。

价值投资的第三个基本条件：要在合适的市场阶段采用。牛市的上半段往往更适合价值投资者。牛市刚开始时，悲观情绪弥漫，许多股票价格被严重低估，此时正是价值投资者大展拳脚的好时机。到了牛市下半场，估值从合理水平向高估迈进，铁杆的价值投资者往往对股市的泡沫充满警惕而提前清仓出场，反而是趋势投资者更能顺势而为，游刃有余。

和大多数新兴市场一样，中国股市历来都是涨的时候超涨，跌的时候超跌。牛市中期以后，股价一般已经高于公司的内在价值，但这并不意味着股市会见顶。严格地遵循价值投资，往往容易错过牛市下半场。熊市中场也是价值投资的陷阱，价值投资者容易抄底抄在半山腰，花旗银行的股价从 60 美元跌至 1 美元的过程中就套牢了一大批试图抄底的价值投资者。

价值投资的第四个基本条件：选取合适的投资期限。价值投资实现收益的前提条件是股票价格会向其内在价值靠拢。在现实生活中，价格偏离价值是常态，价格回归到价值往往需要漫长的等待。因此，价值投资一般更适合长线投资。如果能像巴菲特那样投资期限是 10 年以上，也就不用担心第三个条件中提到的市场阶段问题了，因为 10 年足以跨越牛熊市场周期。相比之下，趋势投资更适合中短线投资者。A 股市场中许多投资者理念上对价值投资倍加推崇，操作中却常常快买快卖做波段。这样的投资者不如全心全意去研究趋势投资，追涨杀跌，更有可能获得超额收益。

讲价值投资的局限性，并不是贬低价值投资，相反，过去 10 年我一直都是价值投资的铁杆实践者，也正是在实践价值投资的摸爬滚打中，才认识到因地制宜、因时而异的重要性。对于任何一种投资方法，只有认识了其局限性，才能提高应用的有效性。

投资微论

三种投资风格 价值投资和成长投资的区别在于：价值投资者认为未来充满不确定性，因此公司的价值应该主要来自现有的资产、利润和现金流；成长投资者认为买股票就是买未来，因此成长性是企业价值的主要来源。两者都兼顾一点的中间派是 GARP（Growth at Reasonable Price，合理估值的成长投资）。

价值投资的两种定义 第一种定义是相对于投机而言，强调价格低于价值，其实就是投资。巴菲特说“所有的投资都应该是价值投资”就是此意。另一种是相对于成长投资而言，强调买的公司须有资产、利润和现金流，而不仅仅是用未来成长的可能性来支撑其价值。海外机构用的大多是第二种定义。

10

四种周期、三种杠杆，行业轮动时机的把握

对有色股谈价值投资无异于对牛弹琴，唯一重要的就是趋势，包括大宗商品的趋势和有色股价的趋势。

听邱国鹭谈行业投资

#未来中国的行业趋势#

中国在可预见的未来不太可能出现下一个辉瑞、下一个沃尔玛，但出现下一个卡特彼勒、下一个三星还是有希望的。从国际分工看，每个国家都有自己的比较优势，这是国际贸易带来的必然结果，而且一个国家的长期牛股与其比较优势是一致的，如巴菲特在美国买消费和金融，这是美国的优势行业，但巴菲特在亚洲买的则是浦项钢铁、中石油、比亚迪这些在亚洲具有比较优势的行业和公司。

#有品牌优势的消费股#

我更看好有品牌优势的消费股，这与如今媒体碎片化的现状有关。10 年前有一半的人都在看中央电视台节目，那时广告的效果就好，现在大家看手机、玩微博、打游戏，分散的受众决定了重塑一个品牌的难度更大，成本也更高，所以品牌的护城河作用也就更不易被替代。

#国家的比较优势#

一个错误的逻辑是，因为美国的医药股占其总市值的 13% 以上，因此中国未来也要如此。为什么意大利的医药股只占总市值的 1% 不到，却涌现了阿玛尼、PRADA 等奢侈品牌？难道意大利没有老龄化吗？这只是因为不同国家的比较优势不同罢了。

10

四种周期、三种杠杆，行业轮动时机的把握

对于大资金来说，行业配置对总体投资收益的影响常常比精选个股更为重要。一个好的荐股逻辑包括三点：**估值**，这只股票为什么便宜（估值水平与同业比、与历史比；市值大小与未来成长空间比）；**品质**，这家公司为什么好（定价权、成长性、门槛、行业竞争格局等）；**时机**，为什么要现在买（盈利超预期、高管增持、跌不动了、基本面拐点、新订单等催化剂）。同样的道理，行业配置的逻辑框架也不外乎估值、品质和时机这三个要素。

估值是最容易的部分，哪个行业便宜、哪个行业贵，一目了然，只是大家都把便宜的行业当作夕阳行业而不愿意买罢了。

行业的品质则稍难把握，简单地说就是好行业赚钱不辛苦、坏行业辛苦不赚钱，复杂点说也无非是行业门槛、行业集中度、行业对上下游的定价权等老生常谈的东西。

本章的重点是第三个要素：行业轮动的时机。在三要素中，时机是最难掌握的，往往需要投资者对经济周期和市场周期进行前瞻性判断。

我1999年进入基金业的第一份工作是定量分析师和策略分析师，之后数年分析了多个国家的多个经济周期和股市熊牛替换的大量数据，也做了一些关于行业轮动时机选择的粗浅思考，总结出一些自以为有点规律性的东西，概括为“四种周期、三种杠杆”。2009年3月，我刚加入南方基金不久，曾在内部季度策略会上给同事们就此话题做过一次介绍，以下是节选的部分内容。

（一）四种周期

1. 政策周期
2. 市场周期（估值周期）
3. 经济周期
4. 盈利周期

在市场的不同阶段，这四种周期的演变速度和先后次序是不同的。熊末牛初，股市见底时这四种周期见底的先后次序是：

- 政策周期领先于市场周期。在货币政策和财政政策放松后，市场往往在资金面和政策面的推动下进行重新估值。
- 市场周期领先于经济周期。美国历史上几乎每次经济衰退，股市都先于经济走出谷底（2001年的衰退除外）。
- 经济周期领先于盈利周期，换句话说，宏观基本面领先于微观基本面。过去70多年中，美国的经济衰退从未长于16个月，但是盈利下降经常持续2~3年甚至更长。
- 熊末牛初，判断市场走势，资金面和政策面是领先指标，基本面是滞后指标。熊市见底时，微观基本面往往很不理想，不能以此作为低仓的依据。如果一定要等到基本面改善才加仓，往往已经晚了。

（二）三种杠杆

1. 财务杠杆：对利率的弹性
2. 运营杠杆：对经济的弹性
3. 估值杠杆：对剩余流动性的弹性

- 第一阶段，熊市见底时，经济仍然低迷，但是货币政策宽松，利率不断降低，常常是财务杠杆高的企业先见底。此时，某些高负债的竞争对手已经或者正在出局（破产或者被收购），剩余的企业的市场份额和定价权都得到提高。
- 第二阶段，经济开始复苏，利率稳定于低位，此时的板块轮动常常是运营杠杆高的行业领涨，因为这类企业只需销售收入的小幅反弹就能带来利润的大幅提升，基本面的改善比较显著。
- 第三阶段，经济繁荣，利润快速增长，但是股票价格涨幅更大，估值扩张替代基本面改善成为推动股价的主动力，此时估值杠杆高，有想象空间的股票往往能够领涨。
- 第四阶段，熊牛替换时，不要太在意盈利增长的确定性，而应该关注股票对各种正在改善的外部因素的弹性。所谓的改善，并不一定是指正增长，也可以是下降的速度放慢，或者下降的速度低于预期。

（三）周期分析

牛市和熊市是四个周期和三个杠杆的博弈与互动。

- 有周期性就表明有可预测性。只有认识了四种周期的先后顺序和相互间的作用，才能在牛熊更替中作出有前瞻性和预见性的判断。

- 有杠杆，股价的波动幅度就常常会出人意料的剧烈，投资者往往因忽视了杠杆的力量而低估了股价的波动幅度，在牛市初期认为股价的上涨超出了基本面的支持。只有认识了杠杆的力量，才能认识到股价的波动和基本面的波动是不成正比的。
- 投资周期性股票，一定要在炮火声中买进，在烟花声中卖出。例如，消费者信心低迷时通常是买入可选消费品股票的好时机。
- 当股市经过大跌达到合理的估值水平之后，开始在资金面和政策面的推动下上涨，这时不应该过多地担忧基本面（这就是华尔街常说的翻越忧虑之墙）。熊市见底时，基本面总是很不理想，呈现出所谓的黎明前的黑暗。

几年后回头看，四种周期所对应的政策底（2008 年 8 月）、市场底（2008 年 11 月）、经济底（2009 年 3 月）和盈利底（2009 年 6 月）在上一轮的熊牛替换中得到了市场的依次验证。

这一轮的市场启动则有所不同。此次政策底在 2011 年 11 月 30 日首次“降准”时出现，之后 2012 年 1 月初的 2 132 点当时看似乎是市场底，但是距离政策底的时间太短、调整幅度太小，后来没能守住（当然，即使把 2 132 点当作市场底，能坚定持有到现在也不吃亏）。最后的市场底目前看是到 2012 年 12 月 5 日的 1 949 点才出现，与政策底相差了整整一年。究其原因，主要是这次政策放松的力度大大低于市场预期，而且后面没有持续的放松政策跟进。2012 年下半年的上海银行间拆放利率还是上升的，说明货币政策的放松在下半年基本停滞，在这样的货币政策环境下，市场底延后出现也就不足为奇了。

尽管市场底的出现迟于往常，但是三种杠杆的轮动到目前为止似乎还是依次展开了。高财务杠杆的金融地产从2011年11月30日的“降准”之日起开始有较明显的相对收益。一些高运营杠杆的周期股（例如水泥、汽车等）也在2012年9月起领先市场3个月见底，之后大幅地跑赢了股指。随着经济见底复苏的迹象越来越明显，市场轮动明显加快。

必须指出的是，运营杠杆高的行业里许多是低盈利、高波动、没有定价权的烂行业。实际上，利润率低的行业的运营杠杆正是最高的，1%的净利润率回升到3%，就是3倍的利润增长，这种周期性的利润复苏往往是股价上涨的短期驱动力。在前文2009年3月的介绍节选中，得出的结论是推荐运营杠杆最高、弹性最大的板块——按当时的标准是钢铁和航运，这恐怕整个股市中最烂的行业了，高度产能过剩且没有产能退出机制，导致行业长期净利润率极低。之后的4个月内，航运和钢铁的一些龙头股票上涨超过了100%，但是如果没有及时卖出，长期持有难免血本无归。这种烂行业只能做波段，买对还得卖对，刀口舔血的活儿，只适合在经济有强复苏、股市有大行情的背景下进行。

然而，目前中国经济的内、外部条件与2009年时有着明显差异。简单地说，这一次经济复苏的力度可能明显小于2009年。当时有4万亿元的项目和10万亿元的贷款汹涌而出，还有美国正在展开的定量宽松政策，目前这两个条件都不具备。虽然有欧洲和日本的货币宽松政策，但是对以美元计价的大宗商品的价格走势的影响大不如前，因此对许多资源导向的发展中国家的经济促进力也大不如前。另外，过去两年的经济下行，只有去库存没有去产能，同时中国成本优势的削弱大大降低了实体经济产能扩张的意愿，这些因素都限制了复苏的强度。在这样的小周期的背景下，强周期的行业还能有多大空间值得斟酌。

相比之下，金融地产仍是性价比最高的周期股。目前，金融地产在估值和品质方面明显占优，强周期行业在时机方面也许占优（如果你相信强复苏和大牛市的话），也许不占优（如果你认为是弱复苏和中级反弹的话）。权衡再三，金融地产的胜算似乎更高些，特别是市场化管理的股份制银行和不怕调控的龙头地产股，其中，一些“地产+X”的公司可能更具估值修复和盈利改善的空间。如果是弱复苏，低估值、高定价权的金融地产明显更有安全边际；如果是像2009年那样的强复苏，其实当年金融地产的涨幅也并不弱于其他强周期股。

单纯的行业轮动的时机选择是个吃力不讨好的苦差事，能做对的总是少数，必须结合估值和品质综合考量。尽管本章主要探讨的是时机选择的工具，正确的做法其实应该是淡化时机选择（要素3），把投资的立足点牢固地建立在便宜的好公司上（要素1和2），因为只有估值和品质才是投资中能够把握的事，时机的选择更多只是尽人事，听天命罢了。

投资微论

价值投资者VS趋势投资者 价值投资者的悲剧常是买早了，下跌后没守住；趋势投资者的悲剧常是卖晚了，下跌后又舍不得斩仓。价值投资者一般是左侧投资者，既然悲剧常是买早了，那么建仓宜缓，不妨等负面消息出来股票也不跌时再买。趋势投资者是右侧投资者，既然悲剧常是卖晚了，那么斩仓就要狠，因为趋势一旦破了就难修复。

往事如烟

1. 泡沫

我入行的那年正赶上互联网泡沫，那是有史以来价值投资最受质疑的一年。纳斯达克从 2 500 涨到 5 000 点，巴菲特的伯克希尔股价却跌了 50%，媒体上充满对巴菲特“廉颇老矣，尚能饭否”的讨论，他的年会也不像现在这样门庭若市。那一年公司的业绩排名自然很不理想。那年呼风唤雨点石成金的网络先锋，泡沫破灭后大都成了先烈。如果更多的人记得那段历史，也许就不会有这么多 100 倍估值的小股票了。

2. 好汉不赢头盘棋

入行第一年就遇上公司业绩落后，对一个职业投资人而言其实是件好事：可以学会如何在逆境中坚持自己的投资理念，学会在压力下保持头脑的冷静，学会在谷底要有仰望星空的勇气。就好比赌徒，职业生涯一开始就赢钱的一般难成大器，先输钱的反而能在本钱不大时获得宝贵经验。

3. 淡定是怎样炼成的

我的第一任老板、公司首席投资官对我的投资理念的形成有巨大的影响。在泡沫顶峰，大家都在说“这次不同了”，他却坚定地说“这也会过去”。他经常鼓励我看旧书、旧报告、旧杂志。历史读多了，对许多事情就见怪不怪了。

4. 楷模

不仅在投资上，在做人上我的第一任老板也堪称楷模。他不到 50 岁就退休了，把公司股份低价转给包括我在内的其他合伙人，然后义务为一家慈善机构打理资产。尽管事业有成，他为人却一贯低调。他的住处树木茂密，每年秋天落叶无数，他都坚持自己清扫、打包。他还记得大楼里每个清洁工的名字。

5. 芒格的标准

芒格对年轻人择业有三个建议：别兜售你不相信的东西，别为你不敬佩的人工作，别和你不喜欢的人共事。生活所迫时，要满足这三个条件简直是奢侈。但是第二条，找一个你敬佩的老板，却是在任何时候都应该尽量坚持的。

6. 先天还是后天

投资能力是天生的还是后天培养的？多数人倾向于后者，但我的老板认为，你要么有投资能力，要么没有，这是没法后天学习的，就像篮球教练们常说“身高是无法后天训练出来的”一样。话虽如此，他长期积累的许多投资经验其实是可学的，特别是在宏观分析和板块轮动方面。

7. 宏观

许多精选个股的人对宏观分析嗤之以鼻。其实，宏观分析和投资策略对大资金而言是极其重要的。所谓经济周期，就是周而复始的；周而复始的东西就有规律可循，有规律可循的东西就可学。

8. 逻辑

初学投资策略时我写了篇颇为自得的报告，屁颠屁颠跑去交给了老板，他的第一句评价是："逻辑性很强。"我赶紧做谦虚状："过奖过奖。"他笑着说："别误会，这不是夸奖，是指出你的不足。逻辑性强的策略报告一般没用，因为市场经常不讲逻辑。"在经历了市场的几次大起大落之后，我回想起这句话，言犹在耳。老板并不是说策略报告不需要逻辑，而是说成功的策略需要对市场短期的反逻辑性的非理性行为有充分的考量。

9. 价值投资者

投资方式与个人性格息息相关，价值投资者买任何东西都讲究物有所值、价格低于内在价值，因此在生活中往往节俭而朴素，像巴菲特那样"小气"——我以前的许多合伙人就是如此。在美国时，圈内人如果笑着说某个人"是个真正的价值投资者"，意思其实是他很节俭。

10. 口音

合伙人们生活节俭，但对员工培训不惜血本，常送我去参加各种天价培训班，还专门聘请了一位大学英语老师给我做了几个月的一对一英语发音矫正。可惜烂泥扶不上墙，我说的英语至今仍有浓重的中国特色（确切地说，是闽南腔）。好在他们对 Chinglish 的理解力提高很快，沟通才顺畅了。

11. 会计造假

各国会计准则不同，但会计造假的手法却大同小异，留下的蛛丝马迹也惊人地相似——这是我后来管理环球对冲基金时的体会。当年老板让我仔细钻研法务会计学，找出会计欺诈的常见信号，并把一批涉嫌造假的公司"打入冷宫"。两年后（2002 年）我不得不感叹他的先见之明。

12. 会计丑闻

某知名财经杂志有点悲剧，它在泡沫破灭前评出的三个年度最佳首席财务官分别来自安然、世通（WorldCom）和 Global Crossing，后来这三家公司都被发现是彻头彻尾的会计欺诈。丑闻大面积爆发，到处都是裸泳的人。多亏老板的前瞻性，我们的组合安然无恙。

13. 师出同门

某世界级 CEO 在中国是家喻户晓的偶像，他写的自传至今被奉为管理学宝典（你如果上过国内商学院，就一定读过他的书）。但是在一个法务会计的培训班上，我的同事却发现同学中有许多该公司的财务经理。看来，侦察与反侦察的人是同一个老师教出来的。

14. 稳定增长是如何炼成的

既卖矛又卖盾的老师，你不得不佩服：一半的学员在学如何发现会计造假，另一半的学员在学如何平滑利润不被发现。当然，适度地平滑利润也不是什么大事，该公司至今仍是众人偶像，只是我知道这件事后对其的敬意就大不如前了。

15. 山外有山

在华尔街找工作有时是件很伤自尊的事，无论到哪儿都是高手如林。记得在曼哈顿的一家对冲基金面试时，面试官问我得过什么竞赛方面的奖，我说中学时物理竞赛和计算机程序设计竞赛都得过福建省第一名，还补了一句说福建省有 3 000 万人。面试官笑了，隔着玻璃墙指着大厅里的那些分析师和交易员说，这两个是国际物理金牌，那两个是国际数学金牌，这里不是大学招生办，我们不关心省级比赛。

16. 初生牛犊不怕虎

记得还有一次，面试的最后一个问题是：“你为什么选择投资作为职业？”我操着极其蹩脚的英语说：“因为我热爱，而且我擅长。”老板皱了皱眉头说，你也太过于自信了。然后他录取了我。事后，老板对我说，在你这年龄，说“擅长投资”，那是不知天高地厚，不过我看得出你说“热爱投资”时是发自内心的。今天，如果再有人问我同样的问题，我也许会有同样的回答——“因为我热爱，而且我擅长”，但我会补充说，只有前半句我没有吹牛。

17. “刚刚好”的基金经理

曾有个合伙人，他管理的基金中的基金在挑选对冲基金时，喜欢个人身家“刚刚好”的基金经理：身家不够的说明混得不好，水平不够；身家太高的已经有了绝对财务自由，干活往往就不够投入了（除非是那些真心热爱投资的人，标准是看他有了钱之后是否开始注重个人享受）。

18. 最好的投资机会

以前的一个合伙人曾说，最好的投资机会往往是不需要动脑筋的，就像一大块金子躺在路中央等你去捡那么简单。我问，那其他人为什么不捡呢？他说，最好的投资机会出现时，大家都认为那是陷阱，都绕着走。我问，难道没人看得出那是金子吗？他答：有啊，不过最先看出是金子的那几个人都掉陷阱里了。

19. 长寿的秘诀

有次和美国一位前辈对冲基金经理吃饭，90 岁高龄仍每天工作 12 小时的他拄着拐杖，在停车场很从容地弯腰捡起了一分钱的硬币。他长寿的秘诀之一是为他的私人医生们理财，而这些医生们自然会尽力地保证“摇钱树”的健康。

几句废话

1. 股市的历史就是政策与经济博弈的历史。经济好时股市不一定好，经济差时股市不一定差，因为看得见的手经常干预看不见的手。

2. 政策与经济的博弈，依据历史经验看，最终胜出的一般是政策，因为政策的特点是不达目标就逐步加码，直到达成目标为止。所以说 A 股是政策市，不是经济市，因为看得见的手经常打败看不见的手。

3. 欧债问题与 A 股的中期走势关系不大。即使发生最坏的情况，短期恐慌之后，其对中期宏观政策放松的促进作用完全足以抵消其对中国经济的负面作用。

4. 目前中国的各项经济指标，包括工业增加值、用电量、M1、社会零售额增速、地产新开工、政府基建投资等，都已达到或差于 2008 年年底的水平。但是，对政策影响最大的两个经济指标：就业和通胀，都还未到适合政策大幅放松的地步。

5. 向前看，CPI 将在近期回落到 3% 以下，打开政策放松的空间。中国经济和社会就像自行车，保持平衡的前提是保持速度，特别是换届之年“稳”字当头，不会等到就业低迷才出手，因此，政策放松加码只是时间问题。

6. 政策底领先于市场底，市场底领先于经济底。因此，在经济差成为共识时，与其担心经济，不如关注政策。

7.2008 年年底的政策导向是"出手要快，出拳要重"，2011 年年底以来的政策导向是"预调微调"，力度不可同日而语，所以股市表现也大相径庭。

8. 由于各方对上一轮 4 万亿元刺激"用药过猛"颇多批评，这一次的危险在于"用药过轻、用药过迟"。这是股市中期最大的风险点。

9. 目前的瓶颈是资金来源不是项目，因此最关键的指标还是信贷增速。股市见底回升的速度和力度，取决于货币政策放松的速度和力度。

10. 到目前为止，货币政策放松的速度和力度不尽如人意，所以股市的回升过程也是跌跌撞撞、反反复复。尽管中长期前景看好，其间也会有恐慌时刻，那就是最后的补票机会。

投资大白话

在别人恐惧时贪婪，在别人贪婪时恐惧。 1. 这话很有道理。2. 这话说了等于没说。3. 很有道理的话一般说了等于没说。4. 说了等于没说的话一般很有道理。5. 如果你知道别人什么时候恐惧和贪婪，这话很有道理。6. 如果你不知道别人什么时候恐惧和贪婪，这话说了等于没说。7. 恐惧和贪婪在市场中的直接体现就是估值。恐惧时，估值水平低；贪婪时，估值水平高。8. 所以，在估值低时贪婪，在估值高时恐惧。

留得青山在，不怕没柴烧。 本金安全性是每个投资者必须关心的。对冲基金经理们常说的“留在游戏中，别出局”其实也是此意。投资者需区分两种风险：价格短期波动的风险和本金永久性丧失的风险：前者只会短期没柴烧，后者才会让青山不再，人们往往过于关注前者而忽视了后者。

二鸟在林不如一鸟在手。 有人认为买股票就是买未来，喜欢二鸟在林；有人认为未来充满不确定性，喜欢一鸟在手。两种方法都可赚钱，只是风格不同而已。现实中，投资者对未来成长常抱有不切实际的过高期望，而对于现有价值视而不见，导致估值失当，这才造成了二鸟在林不如一鸟在手的现象。

国家竞争优势

迈克尔·波特（Michael Porter）在《国家竞争优势》（*The Competitive Advantage of Nations*）中把国家竞争力发展分为四个阶段：1. 生产要素导向阶段（依靠资源或廉价劳力）；2. 投资导向阶段（大规模产能扩张，政府起主导作用）；3. 创新导向阶段（政府应无为而治）；4. 财富导向阶段（社会已富足，强调公平而非效率，社会价值挂帅，实用主义减弱）。

对大多数发展中国家而言，阶段 2 与阶段 3 之间有着极高的门槛——第二次世界大战后的半个世纪，实现成功跨越的国家只有日本和韩国。

意大利是个例外，直接从阶段 1 跳跃到了阶段 3，当然，不是每个国家都有创造阿玛尼和兰博基尼的基因，因此参考意义不大。在阶段 1，企业之间的竞争优势主要体现在资源独占和价格竞争；在阶段 2，企业的竞争优势体现在规模经济和产业链集群，所以现阶段国企的强势和民企的弱势也是形势使然。但是，要想进入阶段 3，必须让民企成为创新的主体。回顾各国发展史，政府主导的创新鲜有成功先例。

网络上不少人喜欢以阶段 4 的欧美国家为参照，把处于阶段 2 的中国经济和社会说成一团漆黑、一无是处，其实，我国社会经济在这个阶段遇到的许多困难和问题，发达国家在阶段 2 都经历过，没必要妄自菲薄，对未来失去信心。

中国处在阶段 2，美国处在阶段 4，发展阶段不同，从经济结构（投资 vs. 消费）、主要矛盾（做蛋糕 vs. 分蛋糕）到社会的价值取向（强调效率 vs. 强调公平）都不同，但有些人却把中美差距简单归因为中国的国民劣根性，有失偏颇。古人说的仓廪实而知礼节其实是很深刻的。有些人认为中美体制不同不可比较，那我们就看看印度的例子。印度和美国一样有民主制度、司法独立、言论自由和宗教信仰自由，但是印度的腐败、贫富分化、社会不公现象比美国多得多，背后的原因还是社会发展阶段的差距。蛋糕不够大时，怎么分对一部分人都很不公平。

山寨行为也是阶段 2 的常见现象，美国也经历过。1903 年，可口可乐从配方中去除可卡因后，仿冒者开始盛行。仅在 1916 年，美国就查封了 153 家可口可乐的假冒产品，包括许多“康帅博”式的名字：ColdCola，CandyCola，KocaNola 等。

宏观上从城市化比率、人均 GDP、经济结构等指标，微观上从企业竞争力、技术进步和全球产业链分工等角度上看，中国整体处在阶段 2

中期。分区域看，北上广深开始进入阶段 3，东部沿海在阶段 2 中后期，中部在阶段 2 前期，西部还在阶段 1。

从定量的角度分析，从人均 GDP、城市化水平以及主要消费品保有量来看，中国大致相当于 20 世纪 60 年代的日本，20 世纪 70 年代的韩国（见表 6-1）。但考虑到中国的经济总量和东西部差异，20 世纪 70 年代初的日本和 20 世纪 80 年代初的韩国经济对我们也有启发。

表 6-1　中日韩发展程度对比

	中国		日本		韩国	
	数量	年份	数量	年份	数量	年份
城市化率（单位：%）	46.0	2008	46.0	1952		
城市人口比例（世界银行，单位：%）	43.1	2008	43.1	1960	43.6	1972
人均 GDP（2000 年，单位：美元）	1965	2008	7118	1960	1994	1970
劳动者收入占 GDP 比重（单位：%）	40	2007	40	1961	40	1980
汽车千人保有量	50	2009	51.71	1962	48.43	1988
轿车（每百户）	8.8	2008	6.8	1964		
彩电（每百户）	132.9	2008	142.2	1979		
电冰箱（每百户）	93.6	2008	94.4	1969	93.7	1981

日本在 20 世纪 60~70 年代经历了刘易斯拐点、工资暴涨、消费占 GDP 百分比提升、出口向内需的转型、城市化接近尾声后投资增速下降、经济增速从 9% 减半至 4%~5% 等一系列目前众多悲观者担心中国经济即将面对的问题，但是日本股市的牛市在此之后又持续了 15~20 年。

国际分工是大趋势。回顾过去几十年，投资银行多是美国和欧洲的，大飞机的制造是波音和空客，工程机械是卡特彼勒、小松、斗山，快餐就是美国那几家，奢侈品基本上是法国、意大利，资源是加拿大、澳大利亚、巴西。分析任何可贸易品行业，都要在国际竞争的大背景下看这个行业是否有比较竞争优势。

为什么巴菲特买的多是消费和金融股？因为最能代表美国竞争力的就是像可口可乐、宝洁那样的消费品公司和像高盛那样的金融巨头。日本、韩国这样以制造业起家的国家，历史上很多牛股就出在机械、家电、汽车等能代表其国家竞争力的行业，如丰田、三星等。什么行业最能代中国参与世界竞争呢？能代表中国参与世界竞争的行业应具备如下特点：本土市场巨大；横向已形成国内寡头垄断；纵向已实现产业链整合；相比国际竞争对手具有显著的规模和性价比优势（品牌和渠道优势目前还谈不上）。

在全球化和互联网时代，世界已经进入寡头阶段。如果还指望新兴中小企业能够与国际寡头竞争，就好比相信渔船舢板能挑战航空母舰。国家政策应有意识地支持中国的民营寡头成长为世界寡头，只有这样才能带动广告、法律、咨询、设计等高端生产性服务业的发展，才能跨越中等收入国家陷阱。

伟大企业是竞争而不是补贴出来的，因此在自由竞争阶段不应该对新兴行业的中小企业补贴；通过市场竞争产生民营寡头后，说明“内战”打完了，胜利者要代表中国参与“外战”了，这时国家对民营寡头在跨国并购、进出口信贷、国际渠道建设和海外知识产权纠纷等多方面的支持是必要的。

许多人热衷于研究美国，其实中国的经济发展模式与美国根本就不是一个路数，日本、韩国的产业升级道路才是中国应该走的，转型必须依靠和发扬既有优势，而不是好大喜功地超前发展所谓的新兴行业。本来打乒乓球的人看到别人踢足球赚钱更轻松，就草率地决定转型踢足球，令人无语。国际分工不是一成不变的，但转型不该由行政力量强推，那样容易对新兴行业揠苗助长、对传统行业自毁长城。

《美国士兵守则》的投资解读

美国士兵守则	投资解读
• 所有的 5 秒手榴弹引线都会在 3 秒内烧完	• 注意安全边际
• 别和比你胆大的战友躲在同一个散兵坑	• 小心卖方研究员的推荐
• 打过来的子弹才是老大	• 别接正在坠落的飞刀
• 好走的路总布满地雷	• 所以要逆向投资
• 若一个蠢办法有效，那它就不蠢	• 所以要价值投资
• 如果你多报战功，下次就一定会被委以力所不逮的任务	• 卖基金时别吹牛
• 重要的事总是简单的	• 先别亏钱
• 简单的事也是最难的	• 不亏钱也不易
• 曳光弹能帮你找到敌人，也能帮敌人找到你	• 卖方报告发给你也发给他
• 当防守严密到敌人攻不进时，你自己也可能打不出去	• 当你不承担任何风险时，你也得不到任何超额收益
• 如果你的瞄准镜能看见敌人，那么敌人也同样能看见你	• 你在研究竞争对手的持仓时，他也在研究你的
• 必须组合使用的武器一般不会一起被运来	• 讲多个故事的上市公司，最后一般都不能兑现

续表

美国士兵守则	投资解读
• 别忘了，承包商是以最低价中标而制造了你手中的武器	• 有些时候，财务报表的审计师是因为最听话才得以留任
• 你什么都不做，也可能挨枪子儿	• 随波逐流不保证排名中游
• 你不是超人	• 你不是巴菲特，也不是索罗斯
• 别太显眼，你将成为攻击目标	• 业绩好的时候要夹着尾巴做人
• 尽量显得你不重要，因为敌人的子弹快打光了	• 业绩不好时更要低调，再熬一下，市场风格就要转换了

THE SIMPLE THINGS IN INVESTMENT

第四部分
投资心理学

在实践中投资者必须提防许多东西，最重要的是提防自己。

杰西·利弗莫尔

11

人性的弱点：投资者常见的心理误区

1. 家花不如野花香

我在研究世界各国股市的历史后发现，几乎每个国家（包括A股）低估值的价值股的长期投资回报率都显著优于高估值的成长股。原因很简单：投资者对未来的成长往往抱有不切实际的过高期望，而对于现有的价值却视而不见。不珍惜已拥有的，而对未到手的抱有过于美好的想象，是放之四海皆准的普遍人性。

2. 过度自信

1999 年我参加哈佛行为金融学短训班时，教授通过无记名调查提了两个问题：你退休时能有多少钱；在座的人退休时平均能有多少钱。当场统计的结果显示，第一个问题的答案平均是 3 000 万美元（在座多为美国基金经理），第二个问题的答案平均是 300 万美元。也就是说，基本上每个人认为自己比平均水平强 10 倍。

3. 仓位思维

一旦买成了重仓股，对利好消息就照单全收，对利空消息就不以为然，心理学上叫确认偏误，民间说法叫屁股决定脑袋。正确的决策流程是先有论据，再有结论；但多数人是先有结论，再找论据，这样一来对反面的证据自然就视而不见。有了仓位，思维就不客观，故称仓位思维。

4. 锚固偏见

常有人说，这股票涨这么多了，还不抛？或者，已经跌一半了，还不买？这就是锚固偏见的表现，其潜意识是把原有股价当成合理、有参照性的锚点。其实，一个股票便宜与否，看估值比看近期涨跌更可靠：基本面大幅超预期时会越涨越便宜，反之会越跌越贵。锚固偏见是奢侈品的常用营销手段。先设计一批 2 万美元的包包让模特们背着走来走去，让你感觉这个品牌的包就值 2 万美元一个。这样一来，当你在店里看到 1 000 美元的同一品牌包时，就不觉得贵了。其实 2 万美元的包也卖不了几个，利润主要来自卖 1 000 美元的包。

5. 短期趋势长期化

某公司利润去年 6 毛，今年 7 毛；管理者故意报成去年 5 毛，今年 8 毛，增长高达 60%，于是市盈率大涨，这就是利用人性中易把短期趋势长期化的倾向的手法，行为金融学称为过度外推。把过去的增长过度外推到未来，把不可持续当作可持续，是成长股陷阱和周期股陷阱的共性。

6. 亏损厌恶症

厌恶亏损是人之常情，A 股尤甚：卖亏损股票，老外叫“止损”，咱们叫“割肉断腕”——厌恶之情溢于言表；不少人股票涨回成本时就抛，亏损就扛着，还自欺欺人说不卖就不算真的亏。其实，股票的投资价值与买入成本无关；该不该卖，也与你是否亏损无关。1 万元亏损带来的痛苦是 1 万元盈利带来的喜悦的 2 倍。求稳怕亏体现在机构身上是尽管牛市中周期股常领涨，周期股再便宜也不买，稳定类的股票再贵也拿着；

体现在散户身上是28万亿元现金存银行，尽管股市长期跑赢现金是不争的事实。

7. 标题党

投资者往往容易对新闻标题做出过度反应。例如，日本核事故时某些股票因为能为日本提供少量救灾物资药品而大涨，“非典”期间也出现过类似事例。上标题的多是“人咬狗”事件，调研才能了解那些上不了新闻的“狗咬人”事件。

8. 榔头症

美国消费股多，适合价值投资；加拿大资源股多，适合趋势投资。互联网赢家通吃，买龙头；休闲服装百花齐放，买成长。差异化产品，买品牌；同质化产品，买成本低的。不同国家、不同行业，适用方法应不同，但人们常生搬硬套同种模式。在一个榔头看来，世界上的所有东西都是钉子。

9. 选择性记忆

大多数人对持有的牛股都津津乐道（就像我老爱提起去年抄底工程机械的经历），对踩过的地雷却避而不谈（既然罄竹难书，干脆我就不书了）。对自己的正确决策印象深刻，对自己的错误却记忆模糊，选择性记忆是人脑自我保护的方式之一，也是提高投资水平的障碍。俾斯麦说，每个笨蛋都会从自己的教训中吸取经验，聪明人则会从别人的经验中获益。可惜股市中能从自己的教训里吸取经验的人也不多见（笨蛋也不好当啊）。你记得你去年亏损最大的是哪5只股票吗？你吸取了什么教训呢？没关系，我也不记得我的了——这就是选择性记忆。

10. 差点就赢

同样是错过航班，错过3分钟的比错过30分钟的更沮丧；同样是彩票没中，号码与头奖号码只差一点的是最痛苦的。与成功擦肩而过比从未接近成功更令人难以接受，更令人想再试一次，所以，许多赌博形式正是包含大量“差点就赢”的设计，才吸引了这么多赌徒不惜倾家荡产屡败屡战。赌场的研究者早就发现，那些经常出“差点就赢”图案的老虎机比随机设置的老虎机更易让人上瘾，更能让赌场赚大钱。细细地回想一下，那些垃圾股、庄股以及你只想做个波段赚点快钱就跑的股票，是不是也经常让你有“差点就赢”的经历？

11. 羊群效应

羊群效应原是由生物学家在研究动物时发现的。现实生活中，基金经理抱团取暖，散户跟风炒作，非典时抢醋，地震后抢盐，羊群效应无处不在。不管是集体看空还是集体看多，最一致的时候往往是最危险的时候。只有卓尔不群的人才能在高处有如临深渊的谨慎，在低谷有仰望星空的勇气。

12. 心理账户

广播电视节目中常有股民这样提问：“我买了某某股票，成本是xxx，请问应如何操作。”提问者潜意识中已把买入成本当作买卖决策的依据之一。其实，是否应该卖出取决于很多因素（估值、品质、时机），但与买入成本无关，因为你的买入成本根本不影响股价的未来走势。心理账户指的是人们喜欢在脑袋中把钱分成不同部分（例如买房的钱和买菜的钱）。投资者最常见的心理账户是把钱分为本钱和赚来的钱，并且对这两部分的钱体现出非常不同的风险偏好，这样无形中就把买入成本作为决策依据之一了。

12 后视镜

还有什么比年复一年犯相同的错误更糟？每年犯不同的错误。美国前财长、哈佛前校长劳伦斯·萨默斯（Lawrence Summers）说过，投资者都想在今天做昨天应该做的事。我的观察是，投资者，特别是机构投资者，都希望在今年做去年应该做的事。

2008 年让大家认识到本金的安全性是第一位的，然后 2009 年股指翻倍。2009 年让大家认识到牛市谁也跑不赢沪深 300，然后 2010 年小股票结构性行情。2010 年让大家认识到消费新兴和小股票才是硬道理，然后 2011 年蓝筹股大幅跑赢小股票。投资人总是不断地总结，只可惜是从“后视镜”中总结。股市里，即使那些想从自己的教训中吸取经验的投资者，也常常以偏概全地吸取不当的经验。美国人说“每个将军打的都是上一场战争”，也是此意。牛熊交替和市场风格都是不断在变化的，前一年正确的做法在下一年可能是不合时宜的。

而那些进行大类资产配置的人，又常常在这个 10 年做上一个 10 年应该做的事。1980 年，美国人根据 20 世纪 70 年代的经验得出了买股不如买大宗商品的结论，然后出现了持续 20 年的股票牛市和大宗商品熊市。2000 年，美国人根据 20 世纪 90 年代的经验得出了买大宗商品不如买股的结论，然后出现了持续 10 年的股票熊市和大宗商品牛市。近期，许多人根据过去 10 年的经验得出了买股不如买房的结论。其实，大类资产之间的轮动，往往是以10年、20年为单位的，未来10年与过去10年的情况可以是截然不同的，因此，大类资产之间的这种长期比较往往也是后视镜。

1997年，香港人根据过去经验认为房价只涨不跌，之后6年房价跌了2/3。2007年，美国人根据过去经验认为房价只涨不跌，之后4年房价跌去1/3。谁也无法预测未来，没有只涨不跌的资产。仅凭过去10年的房价飙涨就断言房地产是更好的资产类别，这是“后视镜”效应下的一厢情愿。贪婪与恐惧是恒久不变的人性。现在的股市弥漫的是恐惧；现在的房市充斥的是贪婪。2004年以前股市的平均市盈率是50倍，2014年却只有12倍，股票估值是10年前的1/4。而许多城市的房价过去10年涨了不只4倍，一来一去16倍的差异之后，谁还能断言今后10年买股不如买房呢？也有人根据过去10年的经验认为买股不如买大宗商品。其实，过去140年里大宗商品的长期真实回报率几乎是零，远不及股票。既然过去10年在历史长河中不具代表性，为何喜欢用后视镜的人只看过去10年，而不看过去30年、50年或100年呢？

某位对冲基金经理曾引用某冰球运动员的话来类比投资：应该跑向球将要去的地方，而不是球现在所在的地方。犯“后视镜”错误的投资人就是习惯跑向球现在所在的地方，追逐当下的热门板块或者主题，于是难免比市场慢半拍，因为市场就像冰球一样，总是在不断地运动中。如何从自己的教训中吸取经验，在股市中并不是一件简单的事，大多数人做的其实只是刻舟求剑式的总结，而不是前瞻性地跑向球将要去的地方。

13
傻瓜定价说

拍卖时，同一件古董有人估50万元，有人估500万元，价格最终是由头脑最发热的人决定的。同理，股市处于底部时，流动性萎缩，任何抛盘都能打压股价，因此，股价能跌多深往往是由最恐慌的人决定的。换言之，市场的极端价格常常是由最大的傻瓜决定的，所以股价总是上涨时超涨，下跌时超跌。

常有人感叹股市的非理性行为。其实，价值投资者对这些非理性行为应该感激涕零——没有超跌，哪来价值低估？没有价值低估，哪来超额收益？理解市场的非理性行为，淡然处之并加以利用，这是逆向投资的第一步。

1999年纳斯达克泡沫时，我碰到某行为金融学教授，他自己有个对冲基金，那年卖空网络股亏了很多钱。他感叹道："我知道他们傻，只是我没想到他们会这么傻！"聪明人（包括那些自作聪明的人）的悲剧在于，他们往往低估了傻瓜傻的程度。

长期资本管理公司，一家由世界顶尖的操盘手和诺贝尔经济学奖得主们管理的对冲基金，就是因为低估了市场的力量以及短期内价格能够偏离内在价值的程度，在1998年俄罗斯危机中被市场的极端行为"乱拳打死老师傅"的。其实，他们的持仓在被清盘后的数月后迅速飙涨，只可惜他们的高杠杆注定了他们倒在黎明前的黑暗里。

“聪明人”常希望傻瓜们傻得“刚刚好”：傻到愿意把价值1元钱的东西以5毛钱的价格卖给他，但不至于傻到继续把价格砸到4毛钱。其实，低估傻瓜傻的程度也是一种傻，能使股价低估50%的非理性行为同样能使其低估60%。正如凯恩斯所说，市场持续非理性行为的时间可能长过你持续不破产的时间。

对市场敬畏但不屈服，逆市场而动但懂得自我保护。抄底时注意安全边际（不用杠杆也是其中之一），避开价值陷阱，远离反身性（会恶性循环、不能越跌越买），精挑细选低估值、高品质（特别是高端品牌或寡头垄断）的股票，然后分期分批加仓，确保判断错误时也不至于粉身碎骨。

14
这次不同了

约翰·邓普顿说，“这次不同了”（This time it's different）是英语中最昂贵的四个词。人性的弱点总喜欢把短期的事情长期化，乐观起来就是“黄金十年”；碰到困难时却又觉得从此再也看不到光明了，因为“这次不同了”。其实，经济周期和市场周期总是起起伏伏、周而复始的，太阳底下没有新鲜事。

过去40年香港股市的整体市盈率基本上都在10~20倍之间波动，如此反复多个周期，只要稍微研究一下市场历史的人都可以发现这个现象，可是几十年来人们的行为反复验证了这么一句话：人们从历史中学到的唯一教训就是人们从来不吸取任何教训。为什么人们会一而再、再而三地在市场高峰附近入市，在市场低谷附近离市呢？原因很简单：当市场估值到高点时，总有些“这次不同了”之类的观点来说明这次的高估值是合理的（例如新经济，“港股直通车”）；估值到低点时，又会有另一些观点来说明“这次不同了”（例如金融海啸，网络泡沫破灭）。

我的第一任老板、公司首席投资官是个热衷于研究市场历史的铁杆价值投资者。1999 年科技股泡沫顶峰时，大家都在说“这次不同了”，他却坚定地说“这也会过去”。他经常鼓励我们看旧书、旧报告、旧杂志。历史读多了，对许多事情就见怪不怪了。

每隔几年“这次不同了”就换个新面孔出现。2008 年的次贷危机叫“百年一遇”；2001 年的“9·11”事件叫“美国本土第一次遭受外来攻击”；1999 年网络泡沫叫“新经济”；1997 年亚洲危机叫“金融海啸”；1989 年日本泡沫叫“日本特殊性”；1987 年 10 月的黑色星期一叫“二十西格玛事件”（20-sigma event，指几乎不可能发生的小概率事件）。每一次危机或泡沫都感觉像是史无前例，其实不过是历史长河中的一朵浪花。

2011 年年底的中国股市悲观者众，“这次不同了”也就有了数张新面孔：旧的增长方式遇到了瓶颈，靠投资和出口拉动经济的路已经走到了尽头；刘易斯拐点出现，劳动力价格飞涨，长期通胀将失控；过去 10 年的好日子是加杠杆带来的，今后 10 年是去杠杆，经济潜在增长速度将从此下一个大的台阶。

我不是经济学家，这些似是而非的问题也不是三言两语能说清楚的。但我知道人性的弱点：当人们在为“黄金十年”找论据时，市场离见顶就不远了；当人们在为长期的悲观寻找理由时，市场已经在底部区域了。投资者的悲哀，永远是轻易地放弃和错误地坚持。

15
树动风动心动

股价波动的原因，是树在动（基本面），风在动（政策面），还是心在动（情绪面）？短期来说，股价波动是人心与人心博弈的结果，是心在动，难以预测。中期来说，股价更多是由政策面决定：吹的是政策宽松的暖风，股价就上涨；刮的是政策紧缩的寒风，股价就下跌。所以说，中期是风在动。

长期来说，股价是由基本面决定的。那些根基不稳的病树，难以避免在风中被连根拔起的命运；而那些有稳固根基的好树，不管人心冷暖，风向东西，终将成长为参天大树。所以说，长期是树在动。

“心在动”常对“风在动”推波助澜，把五级风放大为十级，此时人们已不关心“树动”与否，反正玩的是击鼓传花的游戏。其实，研究“心动”的人赚的是彼此的钱，玩的是一赢一输的零和游戏；研究“树动”的人赚的是树木成长的钱，玩的小树长成大树的正和游戏。

16 知易行难

有一道填空题：市场持续不理性的时间可以长过____。凯恩斯说，可以长过你持续不破产的时间。公募基金经理说，可以长过客户持续不赎回的时间。私募基金经理说，可以长过信托持续不清盘的时间。券商自营操盘手说，可以长过风控持续不平仓的时间。所以说，长期投资知易行难。

马科维茨（Markowitz）的资产组合理论解决了如何在预期收益不变的情况下，通过组合管理和资产配置取得组合风险最小化的问题，并因此获得了诺贝尔经济学奖。但是据说他在管理自己钱财时，资产配置一直是一半股票一半债券。所以说，组合投资知易行难。

我以前有个合伙人是有着 30 年从业经验的价值投资者。有一次我问他，1979 年美国市场市盈率只有 7 倍、商业周刊封面文章宣告股市已死时，价值投资者们都跑哪儿去了呢？他笑着说，那时他们正忙着给客户解释为什么净值缩水了 30%，因为他们在 9 倍市盈率时就早已满仓了。所以说，价值投资知易行难。

THE SIMPLE THINGS IN INVESTMENT

附录
投资访谈

我觉得要预测会发生什么比较简单，但预测何时发生会比较困难。

巴菲特

顺应规律投资，才能事半功倍

邱国鹭出身书香门第，父亲邱华炳是厦门大学财政金融系教授，他很小就在父亲的影响下开始接触金融，读过很多经济学、金融学、历史学、社会学方面的书籍，并且在成长之初就近距离接触到许多金融业界人士。

邱国鹭本科毕业于厦门大学财金系，1996 年留学美国，获经济学、金融学双硕士。1999 年邱国鹭加入韦奇资本管理公司，因工作出色，2004 年底成为公司合伙人；2005 年，年轻气盛、一心想做出一番事业的邱国鹭，辞去了待遇优厚的工作，放弃了当时管理规模达 60 亿美元的韦奇资本公司的股权，与另外两个合伙人创立奥泰尔领航者对冲基金，但因为独立运作一家公司牵扯精力较多，很难专注于投资，加之邱国鹭后来获得一家管理规模达 800 亿美元的金融机构的资金支持，所以在 2007 年他选择改在其设立的普林瑟斯资本管理公司的平台上运作。2008 年，尽管金融风暴来袭，但因为充分对冲风险，邱国鹭管理的产品仍获得了两位数的正收益，在竞争激烈的对冲基金行业中初露头角。

2008 年 10 月，在次贷危机的疾风暴雨中，在 A 股最低迷的时刻，邱国鹭毅然选择回到国内发展，加盟南方基金管理公司，任投资总监。

回国之初，邱国鹭通过广泛的阅读和学习，快速了解中国市场，除了每周要看几十篇报告外，他也读了很多书，做了大量的上市公司调研。因此，从美国对冲基金到国内公募基金，从美股到 A 股，他没有水土不服，甚至更加得心应手。2009 年年底，在南方基金 2010 年投资策略会上，他提出 2010 年十大预言，后来大部分得到应验，他也成为业界和媒体关注的人物。当时，国内微博正在兴起，邱国鹭在微博中记录他对投资的观察和思考，以生动简洁的语言，倡导价值投资理念，得到了投资者的追捧和认可，有几篇长微博更有三四千次转发和三四百万次阅读。他将这些文章集结成《投资中最简单的事》一书，广受好评。

在负责公司投资管理工作的同时，邱国鹭也兼任基金经理，2010 年他开始管理南方基金旗下光大 2 号等多只专户产品，到他 2014 年辞职，在 4 年存续期内，光大 2 号获得了优异的业绩。

2014 年初，邱国鹭辞去南方基金的职务，着手打造上海高毅资产管理合伙企业（有限合伙），任董事长兼 CEO。之后陆续加入高毅资产的几位合伙人皆为业内优秀的基金经理，受人关注。在 2015 年股市暴涨、暴跌的行情中，高毅资产经受住了考验，在股市暴跌时旗下产品回撤较小，并且在当年 7 月、8 月市场最低迷的时期逆势发行产品。在 2016 年、2017 年蓝筹股行情中，高毅资产整体获得了相当出色的业绩，得到了渠道和投资者的认可，公司管理资产规模快速增长，成为国内排名前列的私募基金管理公司。2018 年以来，股市大幅震荡，但根据第三方公布的数据看，高毅资产的整体业绩仍然保持平稳，在大型私募基金中居于前列。

回国 10 年，邱国鹭用自己的实践和高毅资产的实践，证明了价值投资在中国的有效性。

◎ 打造高毅资产，跟对的人在一起做一件对的事

记：为什么考虑做一个高毅这样的平台？

邱：一个优秀的基金经理要创业是很艰辛的，开门七件事，一件也

不能少。前面也提到，我在美国创业时很辛苦，后来我找了一个平台，分一部分收益给它，我的生活质量、成功概率、研究深度、投资敏锐度都大大提高。

因此，我创业时就想打造一个这样的平台。我自己是基金经理，在别的平台上做过，我作为基金经理想要一个什么样的平台，就把高毅打造成一个什么样的平台，我当时需要哪些服务，就给合伙的基金经理提供这些服务。我在美国工作过的三家公司都是合伙制的，我知道合伙人之间的关系应该怎么处理，利益应该怎么分配。

记：高毅为什么能够茁壮成长?

邱：合伙人之间相互投缘、和睦相处最重要，我很幸运遇到了另外几位合伙人，他们人品很好，投资能力也很强。如果说高毅过去三四年取得了一点成绩，那么这主要是他们的功劳，我只是刚好跟对的人在一起做了一件对的事。

我们有六个很资深的基金经理，几乎对任何一个行业，都有一两个人比较懂，大家取长补短，对我们认识世界、认识市场很有帮助。

我们的特点是会聚在一起共同研究，在此过程中有很多的争论和辩论，但同时也可以把很多事情搞明白。我们很少争论市场走向或个股涨跌，我们争论的都是行业和公司的基本面，行业以后会怎样改变，哪家公司更有竞争力，哪家公司的战略是对的，哪家公司管理层品质更好。

记：正如你所说，高毅的每个合伙人都很优秀，他们以后有没有可能离开公司自己创业?

邱：这个问题在每个资产管理公司都存在。高毅的好处是：第一，机制比较健全，公司在设置股权激励机制、业绩分成机制、奖金递延机制时都考虑到了公司的延续性；第二，公司的文化是以基金经理为核心的，基金经理有充分的自主权和决策权，也有个人的独立子品牌；第三，我们遇到的合伙人人品都很好，合伙人之间相处得也很好，感觉都比较舒服。这个行业的特点是优秀的投资人都财务自由了，没有人会为了财务的原因去委曲求全，所以公司一定得让每个人都满意。完全满意是不可能的，但还是能找到比较合理的最大公约数。

记：高毅成立以来业绩优秀，得到了渠道和客户的认可，公司资产规模增长速度也比较快，你们有没有压力？

邱：高毅定位于平台式的公司，是以基金经理为核心的，由基金经理自己决定产品什么时候开放、什么时候关闭，公司会充分尊重基金经理本人的意愿。2018 年，高毅陆续有不同的基金经理封闭申购自己管理的产品，现在大多数基金经理的大多数产品都封闭申购了，高毅的规模在 2018 年下半年也比较稳定。

2017 年全年我只发过一篇全公司范围的电子邮件，其中讲了三种冲突的处理方式：第一，当公司利益跟客户利益冲突的时候，客户利益优先；第二，当业务拓展跟合规冲突的时候，合规优先；第三，当规模跟业绩冲突的时候，业绩优先。这是资产管理公司都会碰到的三个问题。

高毅的公司管理很扁平也很简单，2017 年全年只开过两次全公司大会，一次是合规培训，另一次是年终总结。在 2017 年业绩、规模双丰收的情况下，在年底总结中，我们总结成绩只花了三分钟，问题谈了三小时。

历史上，我们看过很多一时爆红的资产管理公司，也深知，在市场上一时的成功很容易，但持久的成功是很难的。

资产管理公司要成功，第一是要有好的机制，吸引到优秀的人才，才能创造优秀的业绩；第二才是理想的规模，这是合理的顺序。如果通过各种营销手段直接去追求规模，短期会有一些效果，但长期是没有持续性的。

从技术上来讲，高毅的几个合伙人的从业经验都比较丰富，都有管理大规模资金的经验和能力，投资风格也是偏左侧投资，提前进提前出，容量比较大。我们经常都是买早了或卖早了，我买完继续跌，卖完继续涨，特别是在逆向投资时，买的是人家不要的东西，基本是你想买多少就有多少。有的公司，你现在一天买入 10 亿元的股票一点问题都没有，因为大家都在卖，2016 年 1 月你去买白酒股，也是要多少有多少，即使基金规模大一些，对投资的影响也不大。

记：为什么会参与创立高礼价值投资研究院？

邱：资产管理行业的核心竞争力是人才，怎么招募人才、培训人才、激励人才、挽留人才，是公司的重中之重。在招募人才方面，高毅还是有点号召力的，我们的基金经理都很优秀，对人才也比较有吸引力；在激励人才方面，我们成立之初就想得很清楚，也很成熟，挽留机制跟激励机制基本到位，接下来就是培训，怎么培训人才？

高礼价值投资研究院由高瓴资本创办，耶鲁大学首席投资官大卫·史文森任名誉理事长，高瓴资本创始人张磊任理事长，我担任院长。一年招 20 多个学员，2017 年有近 1000 人报名，学员都是一级市场和二级市场的一线投研人员，有公募基金和私募基金的基金经理、研究员，还有股权投资人士，他们平均有 5 ~ 8 年的投资经验，甚至个别有二三十年的投资经验，完全可以来当老师。

具体的课程，主要由高瓴资本讲一级市场，高毅资产讲二级市场。合伙人讲自己擅长的东西，比如张磊讲零售行业，高瓴 TMT 合伙人讲科技、媒体和通信行业，邓晓峰讲通信行业，冯柳讲消费品行业，此外也会在外面请一些资深专家来讲课。每个月会布置一个课题，分成 4 个小组，研究不同的样本，做 2 ~ 4 个案例分析，研究一些我们普遍比较关注的问题，比如新能源、电动车、新零售等。

高礼价值投资研究院的定位是后 MBA，因为学员基本都读过硕士，又有实践经验，讲的都是比较贴近实践的。学制为两年，第一年是学习，上 10 次课，第二年是实践，在实践过程中遇到问题大家一起讨论，以期学以致用。

高礼价值投资研究院的一些学生的履历、经验不亚于我，在许多方面可以当我的老师。所以，大家亦师亦友，互为师友，我从这些学员身上学到非常多的东西，平常很难有机会听老师们系统地讲课，几乎每次课我都会去听。高毅资产的研究员可以跟着一起旁听学习，对高毅资产形成系统性培养人才的氛围也有帮助。

◎ 对股市前景不悲观

记：目前大家对股市比较悲观，你怎么看？

邱：未来永远都有很大的不确定性，有些不确定性是你知道的，有些不确定性是你不知道的。一个市场中大的系统性风险主要有以下三个来源。

第一是估值泡沫。像 2007 年或 2015 年上半年，估值太高，下跌起来就会很猛，其他时间基本是波动，2018 年年末已经处在波动阶段的后期，估值已经比较低了。

第二是基本面有大的恶化。原来公司是赚钱的，现在不赚钱了，或者经济有大的调整，出现经济衰退或崩盘。但即使把贸易摩擦考虑进去，中国经济也不会崩盘，因为从 2011 年到 2015 年，中国经济已经经过了 5 年漫长而充分的调整，中间有 50 多个月工业产成品出厂价格指数（PPI）是负增长的，这说明企业一直扛着巨大的压力，因此，这 5 年的洗牌是比较充分的。2016 年、2017 年以来的复苏相对比较温和，库存不高，过剩产能不多，基本面泡沫不大，不太可能突然出现断崖式下跌。

第三是央行大幅收紧流动性，资金成本迅速提高。这也不太可能，2018 年已三次定向降低存款准备金率，2018 年年底国务院常务会议称积极的财政政策要更加积极，央行投放也在大幅增加，政策逐渐走向放松。

以上三点是我们对股市前景不悲观的主要原因。

记：你对中国经济持比较乐观的态度?

邱：我一贯是偏乐观的。说到底，中国经济是在增长的，股市虽然涨涨跌跌，但有一部分上市公司还是不错的，买好公司长期看会有不错的回报。政府手上有很多牌，经济一旦出现下滑的迹象，政策就会开始放松。很多人都只看到负债率，也应该看资产端，中国政府拥有土地和国企，资产端还是有较多资源的。

大家还有点担心地方债，我认为也是可控的。中央如果想救，肯定救得了，目前只是想打破一下刚性兑付，但都在风险可控制的范围内。去杠杆是手段，防风险才是目的，不可能为了防风险，弄出更大的风险，虽然也有这种可能性，但政府是很谨慎的，不要低估执政者的智慧。

很多问题看起来很大，但都有解决的余地，中国现在 GDP 是 80 万亿元，经济还是很有韧性的，不像一些小经济体，没有抗风险能力。

◎ 早期经历，学霸 + 最早一批股民

记：请讲讲你的早期经历。你父亲邱华炳是厦门大学财政金融系主任、经济学院院长，可以说是家学渊源。

邱：我从小读书不算是特别努力的，但学习成绩还不错，高中时参加各种竞赛，比如物理竞赛、计算机程序设计竞赛都得过福建省第一名，参加数学竞赛也得过奖。家里人一直觉得，我没做科研有点可惜。高中毕业统考，我是福建省第二名，因此也获得了大学保送资格。

家学渊源谈不上，不过我从小读了很多书，经济学、金融学、历史学、社会学方面的书读了很多，父亲是老师，家里面别的不多就是书多。我生在厦门大学、长在厦门大学。

在经济、金融、投资方面，我的第一个启蒙老师是我父亲，除了在理论上、实践上的引导，他的言传身教，包括他的生活、学术圈子，对我影响都很大。厦大财政金融专业很强，父亲有很多学生，应该算是中

国改革开放后第一批接触资本市场的人，他们谈论的话题，我当时不一定听得懂，但也算耳濡目染吧。

我父亲比较注重理论跟实践相结合，创办了福建省第一家资产评估事务所，大二、大三的时候，我在事务所实习过。我参加过福建闽西一家水泥厂、闽南一家啤酒厂的资产评估，当然，我主要是打打杂，帮人家敲敲电脑、记记账。这是我第一次切身了解怎样对一家公司进行估值，看的不是财务报表，而是机器、设备、厂房，还要算折旧、年限等，这是个很简单的活，却是很好的培训，我对周期股和消费股的认识就是从那时候开始的。

早期对我影响最大的人无疑是我父亲，可惜他英年早逝。今年是他去世 15 周年，我和我母亲、兄长一起，捐赠设立了厦门大学邱华炳教育基金会，也算是对他的一种怀念。

记：你什么时候开始接触股市？

邱：我很早就开始对股市感兴趣，1992 年，厦门开始发“老十家”的股票，5 元钱买一张股票认购证，几个月以后可以认购股票，一个身份证可以买 5 张认购证，我组织了一批同学和我母亲公司的同事去买，还记得，我跟同学打牌到凌晨四点多去排队。认购证本质上就是期权，而且杠杆很大，万一不能行权，也就是浪费一天，亏 5 块钱，如果行权，可以赚 1 万元，当时 1 万元都可以买间房子了。这是我第一次参与股市和衍生品交易，算是赚了第一桶金。

◎ 价值投资第一课终生难忘

记：研究生毕业后，你是怎样进入对冲基金的？

邱：我1999年毕业，正值纳斯达克泡沫的顶峰，美国的就业情况非常好，失业率是几十年的最低点，跟现在有点像。在美国，研究生毕业后一般都先去卖方，券商研究所可能每年要招几百人，买方则很少直接从学校招毕业生，中型基金公司一般一年就招一两个人，只有年份特别好的时候，可以直接去买方，所以一定意义上，我是当年科技股泡沫的受益者。

我去了很多家公司面试，最后决定去韦奇资本，这是一家私募机构，不能算是对冲基金，也不是公募基金。公司管理资产数十亿美元，在投资上也不做对冲，而是做价值投资、长期投资，美国有很多这样专为机构管钱的私募基金。

我的第一份工作是策略分析师兼定量分析师。做宏观做策略要求有大局观，从整体看问题，定量则很客观，什么都要用数据、程序去测试，以前所有技术分析的指标，包括移动均线和日本蜡烛图之类的，我基本都用程序测试过，结论是大多数都不准，没法交给程序。实际上，股市中有很多是伪经验，用正确的做法十次可能对六七次，用错误的做法十次也可能对三四次，但某个人可能只经历了错误中对的那三四次，就把一些错误的东西当作正确的经验。定量的好处是，能够测试十次一百次，到底什么东西好，什么东西不好，都可以用数据去检验，这帮助我养成了一种相对客观的态度。

记：你在韦奇资本的工作怎么样？

邱：我在韦奇资本学到了很多东西，干得也很开心。报到第一天，公司给了我一间很大的办公室，就是老板原来的办公室。因为公司刚从半层扩展到一层，公司人不多，几乎所有的投研人员都有办公室，老板搬到另一个更大的空间办公，就把他的办公室给我了。

公司对我很好，刚进公司，就送我去哈佛大学行为金融学的短训班学习，当时正值纳斯达克泡沫最盛的时期，整个市场都疯了，理论和现实相对照，对我很有启发。我英语口音很重，公司还专门请了一个大学老师一对一教了我半年英语口语。

我工作干得也还不错，在 5 年半的时间被提拔了三次，从研究员升到总监再到执行副总裁，最后成为合伙人。投资就是这点好，你做的贡献别人都看得见。

2004 年年底，我成为公司合伙人，拥有了一部分公司股权，公司当时的管理规模是 60 亿美元。

记：你的第一个老板对你影响很大？

邱：韦奇资本的老板非常优秀，27 岁即担任美国第四大银行的研究总监，他是公司创始人也是首席投资官，他是铁杆的价值投资者，对我的投资影响非常大。我非常幸运能够遇到他。

◎ 为理想辞职到华尔街创业

记：为什么会离开韦奇资本去创业？

邱：韦奇资本所在地夏洛特（Charlotte）是美国东南部北卡罗来纳州的最大城市，号称美国第二大银行中心，美国银行、美联银行的总部都在那儿，是美国南部经济最发达的城市之一，非常舒适，但对我来说却太安静了。如果贪图安逸和稳定，留在韦奇资本肯定是最好的选择，但我当时年轻气盛，觉得做一名对冲基金经理是一件很酷的事情，我当时读了许多理论书，书中人物的故事也激励我想要成就一番事业。我觉得自己也可以像巴菲特、索罗斯一样优秀，一心想出去闯荡，于是就跑去了纽约。

2005 年，我与另外两个合伙人创设了奥泰尔领航者对冲基金。离开了韦奇资本，我作为韦奇资本合伙人的股份也就没有了，后来韦奇资本规模增长到 100 多亿美元，粗算一下，那些股份几乎是我当时全部的身家。当时还年轻，关于这些股份的价值，都没怎么考虑，说走就走了。

创业后，我们公司业绩还不错，但是运作得很辛苦。后来，我开始跟一家规模 800 亿美元的金融集团合作，我到他们的普林瑟斯资本平台上去运作，他们给我提供种子资本和营运资本，帮我做营销和运营。这样，我就可以专心做投资了，不再操心那么多琐事，生活质量和投资的敏锐性都要强很多。我为什么会打造高毅资产这样一个平台，跟这段经历有关。

记：2008 年，次贷风暴席卷全球，股市暴跌，你当年投资的情况怎么样？

邱：2008 年 70% ~ 80% 的对冲基金都是亏钱的，因为大多数对冲基金没有充分对冲。我们是充分对冲的，所以，虽然全球股市暴跌，到 2008 年 10 月我回国时，公司还有两位数的正回报。我们当时投资了美国、加拿大、韩国跟中国香港四个国家和地区，投资策略是市场中性、国家中性，并且在同行业中做对冲，行业风险也是中性，我们买进低估值基本面扎实的公司，卖空同行业中高估值、基本面有水分的公司，打个比方，在2008年的暴跌行情中，好的白酒股肯定比一只垃圾的白酒股跌得少。

2008年，美国经历了真正的恐慌。华尔街几乎所有的公司都扛不住了，美国的大银行、大投行都有倒闭风险，大家认为没有一家券商和银行是信得过的，钱拿出来都不知道该放到什么地方，不敢托管在摩根士丹利、高盛，也不敢放在花旗银行、美林银行，身边的朋友一个个都在失业。

经历过2000年网络泡沫破灭和2008年次贷危机的人，心态会比较好，比较淡定，对市场的过度反应，无论是过于乐观还是过于悲观，都有一定的识别能力。有时候大家动不动就很恐慌，实际是市场的过度反应，像2016年年初，港股的估值杀到跟2008年一样低，国企指数估值跌至50年的最低点，但2016年的状况比2008年好多了。

◎ 加盟南方基金

记：你大学毕业后就去美国待了快13年，从业近10年，回到国内会不会水土不服？

邱：我刚回国时凭借快速的学习来适应新环境，我读了好多书，每周都要看几十篇报告，通过广泛的阅读和学习，快速了解中国市场，并且实地调研了很多上市公司。为什么国外有些优秀的基金经理来中国不一定做得好，因为拥有先进的理念是一方面，另一方面还得接地气，了解中国国情，了解具体的市场情况、行业情况。

一开始大部分的卖方报告我都会读，因为不知道谁好谁坏，3个月之后，我会根据研究员的名字来挑选报告，有些人的报告我会读，有些人的报告就不会去读了。我也会去读旧报告，把研究员在2006年、2007年大牛市时讲的话、吹的牛重新读一遍。所以我跟南方基金的研究员说，在金融业，一个人的名字就是一个品牌，这个品牌的建立可能需要几十年，毁掉可能只需要几分钟，你的工作都是会留痕的，所以做每件事情，都应该按最高的标准来要求。

◎ 锁定三大领域打造能力圈

记：你回国不久的就开始写微博，你强调行业格局，关注一些增速变缓但集中度提升、龙头公司利润大幅提升的行业，近10年的市场验证了你当初的判断。

邱：投资一家公司本质上是要分享它未来现金流的一部分，行业格局清晰、胜负已分的行业，盈利的确定性很高。像白色家电行业，在2000～2005年行业增长迅速，但利润不佳，2006年行业增速开始减缓，但利润大增，因为在行业大洗牌后，小厂退出，行业集中度大大提高。

很多人喜欢在早期去赌马，的确有人赌对，但赌对的概率很小。一项新技术出来的时候，总是群雄混战，很难分辨出谁是赢家，我愿意等到胜负已分的时候，像孙子兵法中所说的：胜而后求战，而不是战而后求胜。等行业集中到一定程度，前三名占据半壁以上江山，这时候谁好谁坏已经可以看得很清楚，你不但可以投，还敢出重手。

附　录
投资访谈

大家总担心胜负已分的时候投资会太晚，但回头看，10年前早就是行业龙头的公司，10年后还是行业龙头，10年来，它们的涨幅惊人，各行各业都如此。

我一直在讲要数月亮，不要数星星，数星星太累了，而且长期回报不会好，因为太难了。会有个别人是千里眼，数星星数得特别好，那他可能是做天使投资、风险投资的料，因为他能够3岁看老。就像判断一个人是否成才，你是愿意在他3岁的时候去判断还是等到30岁呢？当然，有的人会在周岁时，通过抓周来判断，抓到算盘就说他长大要做会计，但这是算命，他还没上幼儿园，你怎么知道他未来会做什么呢？当然你可以说这个人是富二代，富二代后来把家败掉的也很多，所以，3岁看老准确率太低。

我们是二级市场投资者，30岁看老就可以了。可以等这个人长大，知道他是哪个学校毕业的，进了什么行业，是什么职位，工作的前3～5年升迁快不快？以此来判断他后30年的情况，比三岁看老的把握性要大得多。

格局决定结局。我刚回国的时候，大家都在讲空调的天花板，我们对白色家电和黑色家电进行了对比分析，结论是看好白色家电，不看好黑色家电。因为行业格局不一样，白色家电虽然还在混战，但已只剩下4家，空调只剩下两家，而且空调的技术变化是连续性的，在技术变化过程中不会出现颠覆性的结果。而黑色家电从CRT、等离子、液晶屏、LED到3D电视，每一次改变都是革命性的，企业跟不跟都很痛苦，不跟你可能会落伍，跟则要投一大笔钱，风险也很大，两三年后可能又有新技术出来，万一投到3D电视，还可能是伪命题，所以对黑色家电的投资要困难得多。

记：2010 年，你开始管理南方基金的专户产品光大 2 号，到 2014 年辞职，光大 2 号在 4 年存续期内业绩优异，请讲讲这一时期对净值贡献比较大的、有代表性的投资案例。

邱：过去 10 年，我主要是投资一些胜负已分的行业中的一些优质公司，像一些大白马公司经常出现在我的组合里。你要看我的组合，会觉得很无趣、很乏味。大家肯定也会觉得，你过去 10 年就找了一堆大白马，没什么意思，谁都会啊。

我现在很少讲投资，因为没什么新东西，讲出来人家会觉得这人真没新意，投资理念翻来覆去就这几句话，投的股票也就是这些。

为什么过去 10 年，我就讲这么几句话，就投这么几个行业？因为我是以实业的眼光做投资，追求的就是具有长期核心竞争力的公司，这些公司 10 年前就是行业老大，现在还是行业老大。当然，要在一个善变的市场中找到不变的公司，也不容易。

市场每天都在变，我们做投资，研究的却是市场背后不以人的意志为转移的规律：经济规律、行业格局、供需关系和商业模式，猜测市场的情绪变化有时候会给我们带来收益，但那是不持久的。因此投资真的很“无趣”，这是一种常态。

记：你能在 10 年前把这些公司找出来，还能够跟这些公司为伍，这一点就很难做到。你刚才说投资是一件很“无趣”的事，这个说法很新鲜，也发人深省。

邱：我是一个策略管十年，不怎么变。因为我不擅长追逐变化，更擅长在变化的现象中寻求不变的规律。

过去10年，人家问我看好什么行业，我在任何时候都是讲三大类行业：金融地产、品牌消费、先进制造。为什么呢？这几个行业符合我的标准，行业格局很清晰，“月亮”已经出来了。我从来不是第一个吃螃蟹的人，我会等到胜负已分，事情很清晰了再投资，反正总是有机会能买到，A股波动性很大，常常出现很好的买入时机。

金融地产格局相对没那么清晰，但是便宜。5年前大家都看空地产行业的时候，我把电影跟地产做了综合比较，当时中国电影一年票房三四百亿元规模，最大的公司的市值当时已经四五百亿元了，而房地产一年卖8万亿元，最大的龙头公司才六七百亿元市值。当时，最大龙头公司的市场占有率只有一两个点，但看得出，大地产商一定会不断抢占小地产商的市场份额。我们预期地产行业的集中度必然提升，很简单，大公司拿地比小公司便宜5%～10%；集中采购原材料能便宜5%～10%；融资成本也比小公司便宜5%～10%；最后，同样地段的房子，大公司卖得比小公司贵5%～10%，因为有品牌。这几个5%～10%加在一起，小地产商怎么跟大地产商竞争？这就是我所说的“胜负已分”。这些道理都很简单，大家都能想得到。

定价权也很重要，我为什么经常讲这三大行业，因为这几个行业是可以提价的，我一直说，有“霸王条款”的行业都不会太差。比如，房地产的“霸王条款”就是很厉害的，你要全资预付给他，他拿你的钱盖你的房子，过两年才给你房子，而电影则是要先砸钱，电影的现金流很差。白酒是一把米、一斤水，卖你几百块钱，毛利率达到80%～90%，相当高。

银行前些年也有些“霸王条款”，现在没有了，说明银行业的竞争比原来激烈了。

记：这就是巴菲特说的能力圈？通过长期不懈的努力，对某些公司、某些行业获得超出几乎所有人的理解，这样就能够对公司未来长期的表现，做出更准确的判断。

邱：每个投资人都有自己的能力边界和局限性，没有边界的能力就不是真的能力。人的认知是有局限性的，我自认更容易总结过去的规律性的东西，而不容易准确预测未来的突破和演变；更容易在变化中寻找不变，而不容易在不变中预测变化。意识到这种局限性之后，我开始尽力寻找一些历史上被证明行之有效的简单法则、简单工具，然后长期坚持。

我不追求研究特别难的东西，而是把相对简单的东西，研究得很仔细、很清晰，针对不同的行业特性，弄清决定行业竞争胜负的关键因素是什么，什么样的公司算好公司，什么样的价格是便宜的。把很多东西想明白了，就能对行业进行估值，知道它什么时候便宜，什么时候贵，就可以在公司被低估的时候，坚定买入并持有。

做投资，核心不是难度，而是有多大把握。就像巴菲特和芒格所讲的，所有公司都可以分到三个篮子中，一个是太难，一个是可投，一个是不可投，太难的那个篮子最大，因为会把很多东西都扔进去。

◎ 逆向投资不是一项技能而是一种品格

记：你特别强调估值？

邱：我是深度价值投资者，不看成长型价值，所以对估值的要求比较高。

我把选股简化为估值、品质、时机三个要素，时机很难掌握，我基本会淡化掉，或者通过估值去判断，便宜的时候多买，贵的时候少买，品质只要做好功课并不是太难，但品质有时候还难以判断，估值是相对最好把握的。

便宜是硬道理，股票的回报并不取决于它未来的增长快还是慢，而是取决于未来增长比当前股价反映的增长预期更快还是更慢。我买很多股票，大家都觉得是传统行业、夕阳行业、已经很成熟的行业，没什么意思，没什么变化。但只要你买入的估值够低，一样可以赚钱。

A 股市场的好处是，往往能以很便宜的价格买到很优秀的公司，像有些白酒股、消费品龙头公司，我们都是在市盈率 10 倍左右的价格买入的，我们还在 2016 年年底以 15 倍市盈率买入某安防公司。

最近又有一批优秀公司开始变得非常便宜，因为大家又开始在恐慌，其实贸易摩擦的后果并没有市场担忧的那么严重。日本从 20 世纪 70 年代开始跟美国打贸易战，打了 20 年，中国的体量比日本大得多，市场也大得多，没什么好怕的。当然，市场不恐慌，也没有以便宜的价格买到优秀公司的机会。

记：上一次恐慌应该是在 2016 年年初，股市两次“熔断”，市场极度悲观，上证综指一度跌至 2638 点，你当时是怎么做的?

邱：在 2015 年年底 2016 年年初，我买入了白酒股，还有某消费品龙头。

我们找白酒的顺序是先找高端，再找次高端，再到平价酒，因为中国经济的复苏通常是先重点扶持基建，商务应酬增加，对高端酒的需求会增加，之后经济恢复，老百姓有钱了，中端酒开始起来，然后再到低端酒。

白酒是很有代表性的品牌消费品，我一直都很关注。2012 年年底，八项规定出台，白酒行业极其低迷，之后我们在底部以 10 倍左右的市盈率买入白酒股，白酒的商业模式特别好，格局又很清晰，10 倍市盈率买入，真的是很划算。有一阵大家都在说白酒产能过剩，在算中国人均有多少白酒，但国产酒产能过剩只是指散装酒产能过剩，800 元钱的酒跟 8 元钱的酒是不存在竞争关系的，我当时说，就像全世界的包包产能过剩，跟爱马仕包的销量也没有关系。

记：逆向投资的难点是什么？

邱：做投资 20 年，我深刻体会到人弃我取的道理，逆向投资是超额收益的重要来源，投资领域的集大成者大多数都具有超强的逆向投资能力。

但逆向投资并不容易，难以掌握完美的买点、卖点。经常买早了，因为你觉得已经很便宜了，但还可能更便宜，比如一家还不错的公司，你觉得四五倍市盈率真便宜，但你买进去后，市盈率还可能跌到三四倍；也经常会卖早了，比如一只股票的内在价值是 50 元，我们 20 元买入，它最后可能会涨到 100 元，但我们可能 60 元就卖掉了。因为我们是要讲安全边际的，经常赚不到最后一段涨幅的收益，没关系，我可以再去找其他更被低估的股票。

市场是一个拍卖系统，最后的顶点总是最疯狂的人在定价，就像在拍卖会上面，最后的买主肯定是那个最狂热的、愿意出最高价的人。极端的价格常常是由最大的傻瓜决定的，所以股价上涨时超涨，下跌时超跌。

这是逆向投资的难点，顶部和底部只是一个区域，你肯定买不到最低价，也卖不到最高价，你很可能抄底抄在半山腰。买早了还要能熬得住，领先两步成“先烈”，只要能熬得住，还是有可能成先锋的。

不在乎短期最后一跌的得失，是逆向投资者的必备素质。所以，逆向投资是最简单也最不容易学习的投资方式，因为它不是一项技能，而是一种品格，品格是无法学习的，只能通过实践慢慢磨炼出来。

在A股这样急功近利的市场中，能熬、愿熬的人仍然不多，因此逆向投资在未来仍将是超额收益的重要来源。

◎ 不断扩展投资范围

记：从第三方披露的数据看，你管理的基金不仅业绩领先，而且回撤较小，2015年在市场暴跌50%时，你管理产品的最大回撤在10%左右，如何做到较小的回撤?

邱：2015年，高毅资产刚刚成立，我们的产品发行不久，还没有积累多少正收益。因为不想让客户亏钱，我当时是以一种风险预算（Risk Budgeting）手段来操作的，产品跌到一定程度就会减仓，在净值下跌10个点时，就只有很少仓位了。因为公司新成立，我也从公募基金转向私募基金不久，如果一下子回撤太大，客户也难以接受，所以，前三年我对仓位控制得都比较严格。客观上讲，这并不完美，回头看，如果不是严格控制仓位，我的回报要高很多。

未来，我会调整策略，在大部分时间保持高仓位，只在少数市场泡沫化程度高的时候保持轻仓，因为长期看权益投资是大概率跑赢现金的。而且，正确选时是很困难的，像算命、赌大小，基本上不可控，但对泡沫，特别是比较明显的泡沫，我还是可以判断出来的，因为那时就找不到符合我们标准的估值合理的股票了。

记：近年来，创业板跌了又跌，会不会跌出价值？你会买创业板的股票吗？

邱：我并不是说不买创业板，创业板公司也在我们的研究范围内。2017 年我已经买了一只创业板的股票，到现在还带来了不错的收益。公司是民营性质，基因还不错，商业模式也还可以，是细分市场的龙头，但市场占比很小，行业格局也还不清晰，新招聘了核心管理人员，应该说已经具备我们合伙人卓利伟所说的“鲨鱼苗”的特征，但这还是有点三岁看老，还不太符合我 30 岁看老的原则，所以我不会特别重仓。

今年创业板再度暴跌，我又买了一只创业板，算是行业里的绝对龙头，属于胜负已分的行业，也取得了正收益。

我们一直在不断扩展投资范围，打造更强大、覆盖更广的研究能力。

◎ 牢记常识，顺规律而为

记：你曾任南方基金公司投资总监，同时管理专户产品，现在，你是高毅资产董事长，同时也管理基金，时间会不会太紧张？怎么分配投资和管理的时间？

邱：我不觉得有任何问题，我时间管理还可以的。美国的基金公司，不管公募还是私募，很多创始人都既要管理公司又做基金经理。

一个投资人说过，当一家公司的创始人和管理者，主要是做好两点：一个是算命，即想清楚一些大的战略性的问题；第二是相面，就是选人。所以，公司管理方面，我大多数时间都花在招人上，主要是面试，面试的过程其实也是学习的过程。

私募基金管理方面其实很简单，主要就是一件事——把业绩做好，其他都是次要的。高毅是合伙制公司，有多个合伙人，分工很明确，而且，我们的同事都很优秀，任何事情都可以找到最合适的那个人，然后充分授权。

我热爱投资，投资和管理的时间，没有确定的百分比，但肯定是投资优先，在投资上面我花的时间也相对多一些。起初一两年，可能需要在管理上多花一些精力，现在高毅资产上轨道了，每个部门都有比较得力的人后，公司进入稳定巡航期，我也就轻松了。

投资我肯定会一直坚持做下去，我父亲说过，想要当好系主任、当好院长，前提是你得是个好教授，父亲虽然去世 15 年了，他说的很多话我都记得很清楚。我赞成父亲的看法，业务出身的管理者，对事情本身的理解会更到位，做起事来也比较容易举重若轻。

记：你入行 20 年，无论在国外、国内做投资都取得良好的业绩，你参与打造的高毅资产也发展得很好，你怎么评价自己？

邱：我是一个很勤奋的人，每天工作的时间很长，我大量的时间都在阅读和思考。我会读很多书，读很多报告，跟很多人交流，做很多的思考。

我试图寻找普适性的、经得起时间检验的投资规律和行业规律。如果说我在投资上取得了一些成绩，那么我其实只是掌握了几个常识，掌握了几个一般的行业规律和基本的投资规律，然后不断反复应用这些规律。其实，在很多时候，我业绩并不是特别突出，但几年累积下来却能领先大多数人，这就是我的风格吧。

高毅资产这几年发展得还不错，主要是得益于其他合伙人和团队的贡献，我们也是顺着资产管理行业的规律去做，当然运气的成分也很大。

无论做投资还是做公司，有些人喜欢顺势而为去找风口，我们则喜欢顺规律而为，找出不变的规律，然后顺着规律去做，不计较短期的得失，时间稍微拉长一点，效果就出来了。就像庖丁解牛，顺着事物的规律、原理去做比较容易，如果违反了内在规律，要进行下去会很困难。

《中国基金报》2018 年 11 月 11 日
记者 杨波

我一直在思考一个问题，为什么美国的科技股过去50年表现如此优异，但是长期业绩领先的投资大家们，从巴菲特、芒格、索罗斯、彼得·林奇、邓普顿、安东尼·波顿、约翰·内夫到格兰桑，却都对科技股保有长期的谨慎态度？为什么那些热衷于投资科技股的基金经理们，虽然在数年间各领风骚，却鲜有持续二三十年业绩突出者？

主要有三个原因。

第一，科技进步内在的突变性决定了科技股投资人业绩内在的不可延续性。从PC时代的微软、英特尔到互联网1.0时代的雅虎、美国在线，再到互联网2.0时代的Facebook、Twitter，从功能机时代的诺基亚、摩托罗拉到智能机时代的苹果、三星，每一次貌似漫不经心的技术更替，都有可能演变成改朝换代的颠覆性飞跃，让原有的行业领先者一夜之间发现护城河被夷为平地，或者进攻者已经绕过旧城在别的地方建起一座更大更辉煌的新城。绝大多数投资者很难在每一次的技术变迁中都跟上节奏，而技术更替的残酷性又决定了一次错判就有可能导致毁灭性的投资后果。

第二，科学技术是不断变化的。蒸汽机、汽车、飞机、电话、收音机、电视、计算机、手机，每一个年代都有划时代的新技术，但是喜新厌旧、贪婪恐惧的人性却是不变的。新技术肯定是好事情，谁都想要；想要的人太多，估值就过高了。过高的估值往往透支了任何新技术未来可能产生的收益，过高的期望最后总是以过多的失望告终。

第三，虽然新技术的前景广阔，初期的行业格局却非常散乱，绝大多数投资人很难在事前判断出谁是最终赢家。一旦不能押对赢家，行业发展再好也没有意义。电子商务如今大行其道，但是对于15年前买了eToys、WebWagon那些后来破产了的电商企业的投资人来说，又有什么意义呢?

然而，大多数人还是在60倍估值的创业板中寻找着10倍股、期望着一夜暴富。硅谷曾经有过统计，在风险投资的1 000个项目中，扣除最成功的8家，其他的992家是不赚钱的，而这8家则是成百倍上千倍的暴利，并因而成为报纸的头条。榜样的力量是无穷的，大到能够掩盖背后的巨大风险和沿途无数的失败者。

现在的估值与未来的成长性相比，哪一个更重要? 当然是成长性更重要，但未来的成长性是不确定的、难把握的，而现在的估值则是确定的、可把握的。未来确实很重要，出类拔萃者大多对未来有着前瞻性的预判。我非常钦佩的一位投资人，他对行业和公司未来发展变化就有很深的洞察力，他管理的基金成立近9年来在传统行业和新兴行业中都创造了令人惊叹的投资业绩，但是这种洞察力和预见性对绝大多数人来讲是一件可望而不可即的事情。

身高是无法训练的。迈克尔·乔丹、老虎伍兹能做的事不一定是每个人都学得来的。临渊羡鱼不如退而结网，投资必须把握你能把握的东西，所以对多数人而言，也许更应该买入那些相对于目前的资产、现金流、盈利能力被严重低估的股票。**知道自己的能力边界，发挥自己的优势，买便宜的好公司，注意安全边际，注重定价权，人弃我取，在胜负已分的行业里找赢家，这些貌似投资中最简单的事，其实也是投资中最本质的东西。**